生命《いのち》を守りたい！

ＦＦＣテクノロジーがつくる免疫住宅の蘇生力と癒し効果

江頭修作［著］

評言社

はじめに

私は福岡県大川市で、明治初期創業の材木屋の三男として、木材業に携わってきました。私が本書でとりあげるＦＦＣと出会ったのは１９８３年です。これは「パイロゲン」という清涼飲料水でしたが、病弱だった妻がこの清涼飲料水のお陰で健康を回復しました。それまでいろんな病院に行ってもよくならなかったのに、なぜ、この清涼飲料水だけでよくなったのか、不思議に思っていました。

いちばんびっくりしたのは、飲み終わった紙の空箱にふつうの水道水を入れ、一昼夜おいたものを花壇や畑の花にまくと、花がものすごく活性化すると妻がいうのです。そこで私は、自分でも実験してみようと、プランターを２つつくり、同じようにパイロゲンの空箱水を注いだものと、ほかの清涼飲料水の空箱水とを比較しました。すると、妻がいうように前者は明らかに後者よりも元気がいいのです。

この違いは何か、どうしてこのような結果になるのか——。

そんな素朴な疑問を抱いていた私は、九州大学に依頼してパイロゲンに活用されている

ＦＦＣテクノロジーというものの実験と研究をしてもらったのです。

これが私とＦＦＣとのかかわりの初めでした。

読者のみなさんにも簡単にできる実験があります。９００ミリリットル入りのパイロゲンを封を切らずに、その上にリンゴを載せておくと、リンゴが腐らないまま少しずつ小さくなって、１年後にはリンゴのミイラが出来上がります。ふつうの清涼飲料水の箱の上に置いたリンゴはカビが生えてやがて腐っていきます。リンゴだけではありません。生ものは腐っていくのがふつうなのです。

ＦＦＣには「生ものを腐らせない働きがある」ということは、明白な事実です。私はこのことにとても興味関心をもって研究を続けてきました。これが本書で紹介する「免疫住宅」のルーツです。

私が考えたのは、こんな夢みたいなことをどのようにして世の中に伝えていくか、ということです。まず、身近なもの、誰でも手に取ることができるものをＦＦＣ加工して広めていこうとしました。

ちょうどその頃、「容器包装リサイクル法」が施行されました。これは、石油製品である発泡スチロールやプラスチックは、リサイクルの義務化がなされるという法律でした。

そこで私が挑戦したのは、スギの間伐材で発泡スチロールと同じ厚さのトレーを開発することでした。試行錯誤を繰り返しながらも、やがて日本で初めて木製トレーの開発に成功しました。

私は木製トレーにもＦＦＣ加工を施しました。そして再びリンゴの実験をしました。ＦＦＣ加工したトレーの上に置いたリンゴは1年経っても形を留めていました。そうでないトレーの上に置いたリンゴは数日後から腐りはじめました。結果は、先に行ったパイロゲンの箱の上に置いたときとまったく同じだったのです。

この木製トレーが食品業界で普及すれば、食材の品質保持に大きなメリットがあること、そして日本全国で問題になっている間伐材の活用が一気に進んで山林の再生にも寄与することから、私は足を棒のようにして、関東地区や関西地区をはじめ主要な食品業界に提案営業してまわりました。

しかし、なかなか採用されませんでした。どんなに品質のすぐれたものでも、価格に大きな開きがあったのです。ＦＦＣ加工した木製トレーは、従来の発泡スチロールのものに比べて20倍も高かったのです。コストが高くては食品業界では売れません。

私は木製トレーの開発にかなりの投資をしましたが、事業としては失敗だったと思います。しかしながら、ＦＦＣ加工された木製トレーの有効性を理解する個人の方々から「５枚欲しい」というように、少しずつ口コミで全国に広がりつつあります。

これが、ＦＦＣへの第１段階の取り組みでした。

次に着目したのは、私の地元・福岡県大川市の特産品である「家具」でした。大川は日本一の家具の町です。材料である木材にＦＦＣ加工し、「健康家具」としてブランド化できないだろうかと考えました。これが成功すれば地元に大いに貢献することができます。

家具店に入ると、ツーンとした刺激臭がしたり、長時間いると目がチクチクしたりします。これは家具に含まれる化学物質によるものです。空気中に化学物質が放出され、お客さんや店員さんはこの空気を吸い続けているわけです。

私はこれにＦＦＣテクノロジーを活用することで無臭化（無害化）することに成功しました。商品名は「免疫家具」です。免疫家具は大手ベッドメーカーが採用し、現在では大学病院をはじめ多くの医療機関や介護施設などに納入されるようになりました。

これが私のＦＦＣ事業の第２段階です。

そして、第３段階では、人びとの最も身近な存在である住宅にＦＦＣテクノロジーを活用しました。それが「免疫住宅」です。

この技術にいち早く気づき、私の会社にアプローチしてきたのは大手ハウスメーカーでした。

「全棟採用したい」と申し入れてきたメーカーは数社ありましたが、材木店を長年やってきたという生い立ちから、「日本の木造住宅の文化は、地域の工務店や住宅メーカーが担う」というのが私の哲学です。

したがって、意識の高い地域の工務店さんとこの事業を一緒に普及させていきたいと思い、大手ハウスメーカーさんには辞退していただきました。それはいまでも続いています。その思いに建築業を前向きにやっておられる地域のビルダーさんが共鳴していただけたことで、免疫住宅は全国に広がってきています。

私は、こうしたＦＦＣ技術や仕様の住宅は必ず普及していくという確信がありましたから、いずれニセモノが出現するかもしれないと考え、加盟店制度をとりました。真の健康住宅を考える工務店さんだけに加盟していただき、同時に1棟ずつすべてに「ＦＦＣ加工証明書」を発行するようにしました。お陰で、現在は年間３０００棟にせまる新築住宅にＦＦＣ加工するまでになりました。最近では、大型医療機関の内装、および高速道路のサービスエリアの内装すべてにＦＦＣ加工が指定され、公共的にも大きな信頼をいただくようになりました。

私がいちばん好きな言葉は、村上和雄先生（筑波大学名誉教授）の著書によく出てくる「サムシング・グレート」です。「何か偉大なもの」ということですが、このＦＦＣは、まさにサムシング・グレートだと思うのです。リンゴが腐らずにそのままミイラ化していくなどということは、現代の科学では説明しようがないことです。そこに何か偉大な作用が及ぼされたと理解するしかありません。私はそう信じて、今日までずっとＦＦＣ免疫住宅を手がけているのです。

２００８年に1冊目の本『免疫住宅』（評言社刊）を出版させていただき、お陰さまで、健康住宅に関心のある1万人以上の方々に読んでいただきました。本書はこれに続く2冊目になるわけですが、２００８年以降も実験や研究も続けており、当時はまだわからなかったことで現在では明確に証明された事実なども本書には書き加えております。

結論的に申し上げると、部屋の中の空気を森の空気に近づけるという技術が、ＦＦＣという2つの鉄（2価鉄、３価鉄）の組み合わせによってできたということです。この技術をいろんな産業分野に広げていくためにも、本書を読んでいただいた読者の方々が興味をもって、ＦＦＣをもっと身近なものとして考えていただくことを期待して、本書を出版させていただきました。

２０１２年６月吉日

江頭　修作

もくじ◎生命《いのち》を守りたい！——ＦＦＣテクノロジーがつくる免疫住宅の蘇生力と癒し効果

はじめに……3

プロローグ——議員会館シックハウス事件……15

第1章　生命を守るために知っておきたいこと……21

一生の間にいちばん体内に入れているものは「住まいの空気」だった——22
カビ・ダニの被害は想像以上に深刻——24
いまのシックハウス対策ではまったく効果がない——28
安全であるはずなのに計画換気を義務づけているのはなぜか——30
行き過ぎた殺菌・抗菌が新たな危険を生んでいる——33
善玉菌との共生なくしては人間は生きていけない——34
悪玉菌はほとんどいなかった——37
赤ちゃんの健康を損なう愚かな行為とは——38
殺菌・抗菌・除菌は人をも殺す——40

第2章　なぜ、自宅の空気が問題なのか……43
「空気」と「水」と「食べ物」――44
長期保存できる食べ物はできるだけ摂らない――45
なま水は飲んだほうがいい――49
雪解け水は最高の生理活性水――51
体内に入った化学物質はどうなるか――54
呼吸や皮膚を通じて入ってきた化学物質は解毒できない――55
胎児の複合汚染――57

第3章　明らかになったFFCテクノロジーの可能性……61
偶然に知ったFFC――62
生命を蘇らせる不思議な水に魅せられて――64
FFCテクノロジーの由来――67
木製トレーのカビが消えた！――69
本格的な実験に着手――73
病んだ木材の「樹能復活」に手がかりを得る――74

ＦＦＣ再現実験のなかから免疫木材は生まれた——78
水に溶ける鉄の秘密——83
広がる用途が証明するＦＦＣ水の万能性——86
ＦＦＣテクノロジーとエントロピーの法則——91
最強の「エントロピー減少システム」——95

第４章　データが証明した免疫住宅の癒し効果…………101

善玉菌が増殖して、悪玉菌が減少する——102
カビの生えやすい室内環境を改善——107
部屋にいるだけで免疫力が強化される——110
外気より室内のほうがマイナスイオンが多い——114
花粉症、小児喘息、アトピーにならないために——117
驚くべき細胞の活性作用——120
遠赤外線効果もあった——122
子どもが長時間勉強するようになった——123
プラスチックや金属でもＦＦＣ加工できる——127

第5章　家は「第2の胎内環境」だった……129
リフォームでも免疫住宅はつくれる――130
マンション住まいにも有効――132
免疫木材は樹能を蘇らせる――134
家は「第2の胎内環境」だった――136
太古の森と現代の森――141
病気になる家から健康になる家へ――146
赤ちゃんとお年寄りにやさしい家が理想――150
高気密の家でも清浄な空気で満たせる――156
免疫住宅は住まいを長寿命にする――160
健康住宅を保証する5つの条件――166
免疫加工証明書で責任の所在を明確に――170
お客様が免疫住宅を希望する――173
おわりに……181

プロローグ

議員会館シックハウス事件

東京・永田町にある議員会館がすべて建て替えられました。新築なった会館は最新の建築技術を導入して、日本の重要な進路を決める国会議員がしっかり執務できるようにつくられたはずでした。だが、入居した議員にシックハウス症状が続出したのです。私が後援会長を務める地元選出議員も「新しい議員会館に移ってから体調がわるいんだよなあ……」と症状を訴えていました。

2011年5月、野党（自民党）の議員がこの問題を国土交通委員会で質問しました。時の国土交通大臣は、現在、民主党政調会長の前原誠司さんです。彼はこう答弁しました。

「対象となる化学物質13種類のうち、ホルムアルデヒドやVOCなど5種類について測定したところ、すべて濃度指針値以下であることを確認しています」

法的には問題はありません。国会答弁はふつうはこれで決着します。しかし、自身の体験で知る議員たちは納得しません。いろいろ調べるうちに、法律そのものに不備があることがわかったのです。

これはどういうことかというと、国が定めた基準は、ホルムアルデヒドがどのくらいまで、トルエンはこれぐらいというように、有害化学物質の各単体の基準値です。その部屋全体の総量（TVOC）については「目標値」とするだけで、基準値そのものを定めていなかったのです。

したがって、いまの基準で建てられた家の床、壁、天井、台所、風呂場、トイレ、これらの化学物質の総量を合計すると……シックハウスになってしまうということが、法律をつくる本家本元の国会で明らかにされたのです。つまり、国が定めた法律は、化学物質単体の基準値をクリアすれば、目標値は頑張ってくださいね（守らなくてもいいですよ）、というザル法だったのです。

国の基準値が定められたのは平成15（2003）年7月1日です。それ以前に建てられた住宅については、もちろん法律そのものがありませんから、いわば化学物質だらけの家がつくられていたともいえるのです。しかも、国の法律はザル法であったことが国会で明らかにされました。平成15年以降もシックハウスが野放しになっていたことがわかります。

夢のマイホーム。新築の家に住み始めた夫婦。新しいリビング、新しいシステムキッチン、寝室も子ども部屋もすべてが新しい——奥さんはルンルン気分です。新築の臭いはあるが、これも〝新しい生活の臭い〟なのだと気になりません。

その奥さんが入居してすぐに妊娠したとします。奥さんの呼吸によって、新建材や家具、カーテン、カーペットなどのインテリア製品から化学物質が大量に「体内＋胎内」に吸い込まれます。胎児はこの10か月間、母親の血管から化学物質を吸引することになります。そして、せっかく正常に受精した小さな命は化学物質まみれになり、こうして生まれた赤ちゃんの多くがアレルギー、アトピーになり、さらに数%の確率で障害をもって生まれてくる、という研究報告も出ているのです。

生まれてからは、赤ちゃんは自身の呼吸で直接化学物質を吸い込みます。シャンプーや石けん、衛生用品など、皮膚から吸収される化学物質もあります。いま、子どもの2人のうち1人がアトピーだといいます。これは尋常でない数値です。むかしはなかったアレルギー性疾患が50%に及ぶのです。

床、壁、天井が化学物質の含まれた建材でつくられ、それが高気密であれば、部屋の中はいわば無菌室です。私たちは善玉常在菌が体じゅうにのっていることで健康を保っているということを忘れてはいけません。もし、皮膚に善玉常在菌がいなければ、空気中のほこりや化学物質、あるいはウイルスにすぐに過敏して、体に変調を来さないほうがおかしいくらいなのです。

室内で使われている化学物質は、この善玉常在菌を大きく減らしてしまっています。身体を守っている菌が少なければ、外から侵入したものに過敏に反応して炎症を起こします。

これが新築に移り住んでから、アレルギーや化学物質過敏症になる子どもたちの現実なのです。

先述のように、住宅建材は国から化学物質の基準が定められていますが、ほとんど効果のない基準であることがわかりました。しかもこの基準は、成人を対象としたもので、免疫力や耐性のない幼児を基準にしていません。新築の臭い――大人は気にならず化学物質に対する耐性があったとしても、子や孫に重大な害を及ぼすということを、住宅に住まう人も建てる人も知らなくてはなりません。

一生に一度の大きな買い物をする消費者はもちろんですが、消費者の注文で家を建てる専門家の工務店は、なおさら知らなくてはなりません。自分が建てた家がお客様の子孫に害を及ぼすとしたら……こういう知識を知った工務店ならば驚愕するはずです。そして、何らかの対策をすべく勉強し、工夫し、おそらくお客様が生涯住むであろう住まいを、本当の健康住宅にしようと努力するはずです。

人間の体の仕組み、常在菌と人間との関係、免疫力の元となるもの――こうした生命科学の基本的な知識を私たちはもたなくてはなりません。国がなんとか……大企業がすることだから……そんなものはまやかしか幻想であることがわかったいま、私たちは家族の生命を守るために学び、できることをしなくてはなりません。

本書は、家づくりの方法を述べたものではありません。家族の生命《いのち》を守り、育むために、住まいを題材に、どうすればよいかということを基本的なことから書いたものです。また、そのために、私がこれまでの経験と多くの実績とともに、研究機関で実証された方法を紹介したものです。

この15年間で得られた結果は素晴らしいものでした。FFCテクノロジーを活用した「免疫住宅」はいま、多くのお客様が住んで納得し、口コミだけで日本中に広まり始めています。

第1章

生命を守るために知っておきたいこと

一生の間にいちばん体内に入れているものは「住まいの空気」だった

人が一生涯でいちばん多く摂取するものは何か――。こんなことを考えたことがありますか。食べ物、飲み物、空気、その他いろいろ思い浮かぶでしょう。食べ物や飲み物は毎日のことですから、かなりのウエイトを占めます。でも、口や鼻から身体の中に入る物質でいちばん多いのは「空気」なんですね。重量比でいうと、空気は、人が身体の中に入れる物質のなんと83％を占めています。次に多いのは飲み物で8％、食べ物は7％、その他2％という順番です。圧倒的に空気が多いことがこれでおわかりでしょう。

では、その空気のうち、自宅で吸う空気と自宅以外で吸う空気の割合はどうなっていると思いますか。屋内外の比率でいえば、屋内90％、屋外10％です。また、屋内でも、自宅以外で吸う空気は意外に少なくて、屋内で吸う空気全体の25％に過ぎません。自宅で吸う空気は75％に達します。

これを食べ物や飲み物も含めた口に入れるもの全体の重量比でみると、自宅で吸う空気は総重量の56％になります。つまり、私たちが一生のうちで体内に入れるものの半分以上は「自宅の空気」だということです。

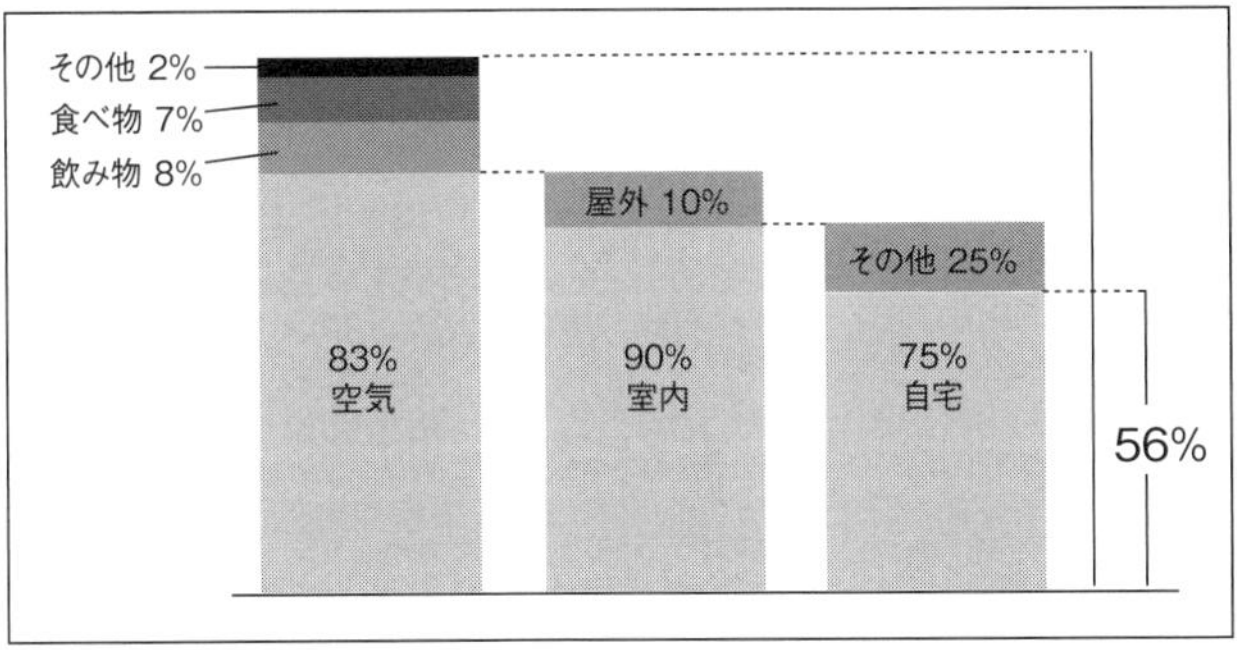

図１　人が一生涯で摂取するものの重量比

体内に入るものは、何であれ私たちの身体に影響を及ぼします。自宅で吸う空気がいちばん多いとしたら、その質が問題になってくるのは当然です。

よい質の空気を吸えれば健康によい。質のよくない空気を吸えば健康を損ねることになる。これは誰にもすぐわかることです。大気が汚染された工業地域に住んでいると、家の空気も当然汚れ、喘息などを起こす人がふえることは、すでに私たちは「公害」という大きな犠牲をはらって経験ずみです。

でも、自分の家の空気が危険なほど汚れているとまでは、考えない人のほうが多いのです。空調設備は整っているし、換気もちゃんとしている。たとえ外が汚れた空気でも「家の中なら安心だ」と思っていないでしょうか。

現状はどうかというと、住空間の空気環境は目に見えないところで、とても恐ろしいことになっています。いま多くの家庭の空気はものすごく汚れていて、健康を損なうほどの危険な状態にあるのです。こういうと「ああ、シックハウスのことか」と思うでしょう。たしかにシックハウスも問題です。でも、いま一般にいわれているシックハウス症候群は、新築住宅やリフォームした場合のことです。

ずっと以前に建てた家にお住まいの方は、「うちは新建材を使ってない」、あるいは新建材を使っていても「ずいぶん時間が経っているから心配ない」、こう考える方のほうが多いと思うのです。しかし、どんな経歴の家にお住まいでも、シックハウスは起こりえます。いまは家族の誰もが自分の家のせいで、不健康や病気の危険にさらされているのです。その原因はいったい何でしょうか。

それはカビとダニです。住宅に使われている建材や内装材もさることながら、カビやダニが繁殖しやすいライフスタイルによって、知らず知らずのうちに住まいの空気環境を、自ら大きく悪化させているのです。

カビ・ダニの被害は想像以上に深刻

私が講演などでこういう話をすると、「どうしてだろうか?」と不思議がる方がおおぜいいます。無理もありません。戦後に建てられた住宅は、後でつくられたものほど快適・便利で清潔になっているからです。

なのに、なぜカビやダニの害に悩まされるのか。それは戦後の洋風化された住宅構造と、暮らし方にいちばんの問題点があります。

かつての和風住宅というのは、高温多湿のわが国の気候条件に合わせ、家自体が一定の通気性を保てるようにできていました。北海道や豪雪地帯の一部地域を除けば、日本家屋は「夏標準」でつくられていて、風通しがよかったのです。

戸を閉め切っていても、1時間に数回は部屋の空気が自然に入れ替わる構造になっていました。ところが戦後に建てられた住宅は、いずれも気密性を重視する構造になりました。近年建てられた家のほとんどが「高気密・高断熱」です。空調設備がどの家庭にも入るようになったからですが、この変化が日本の気候条件に合わず、カビの発生とダニの増殖を許すことになってしまいました。

日本人は長い間、高温多湿の環境で暮らしてきたので、カビの存在には割と慣れっこになっていて、たとえば少しくらい餅にカビが生えても、取り除いて平気で食べます。「カビくらい」と考える人がほとんどです。

カビを甘く見てはいけません。食べ物でも道具類でも壁でも畳でも、繁殖できる条件さえ整えば、カビはどこでも繁殖します。一定量繁殖すると、カビ自体が人体に有害な揮発性化学物質（ＶＯＣ）を出します。揮発性化学物質とは、常温で分子構造を変え気体となる物質のことです。新建材がこのガスを出すので、「シックハウス症候群の原因」といま問題になっていることは皆さんもよくご存知でしょう。

ＶＯＣガスを出すのは新建材だけではありません。カビも出すのです。カビの場合は、カビの胞子が成長するとき、菌糸から出る酵素と化学反応を起こし、ＶＯＣガスを発生させる。そういうことが最近の研究でわかっています。

はじめは「本当かな？」と疑問視する人もいたようですが、繰り返し実験が行われた結果、いまでは「カビのある環境では揮発性の有毒化学物質がつくられることは疑いようがない」と広く認知されるようになっています。

みなさんも体験されたと思いますが、お正月前に段ボール箱でミカンを買うと、箱の底のほうにあるミカンは最後になると、青くカビだらけになっていることがよくあります。そのまわりのミカンをさわるとぶよぶよになっています。これは、カビが放出するガスで健全なミカンの皮の細胞が破壊されたためです。身近にもこういうことが起こっているということを参考までに知っておいてほしいと思います。

もともとカビは自然の土の中にいる菌類の仲間です。カビは植物の種にあたる胞子から芽を出し、根にあたる菌糸を広げ栄養を取り込んで成長します。成長すると仲間をふやすため新たな胞子を生み出します。カビの胞子が高濃度のＶＯＣガスを出す様子は、ＮＨＫテレビが特集番組で放送したので、あるいはご覧になった方もおられると思います。

カビは繁殖してくると肉眼でも見えるので、「ああ、カビだ」とわかりますが、少しだと目に見えない。見えないと「無い」と思ってしまいます。しかし、目に見えない段階でも、有毒ガスを出して部屋の空気を汚しているのです。

それだけではありません。カビはダニの格好のエサになります。したがって、カビの多い環境はダニをも繁殖させてしまうのです。ダニの糞や死骸はアレルギーの素（アレルゲン）になります。

このようにして、いまの住宅は見た目のモダンさや清潔さにもかかわらず、カビやダニが大量発生する温床になっているのです。これで「自分の家は新建材を使ってないからシックハウスの心配がない」といっていられないことがおわかりでしょう。

また、最近の子どもたちが小児喘息やアレルギー性の病気などに悩まされるわけも理解していただけるはず。つまり、有害な新建材と無縁な家に住んでいても、健康被害を生じさせるほど室内の空気は汚染されているということです。

いまのシックハウス対策ではまったく効果がない

もうひとつの空気環境の悪化は、いわゆる「シックハウス症候群」をもたらす建築資材によるものです。

新建材で家を建てると、建材から有害物質が出て空気を汚します。むかしは新築の家というのは、木材や畳からよい香りがしたものですが、いまは同じ香りでも明らかに違っています。「ツーン」と鼻にきたり、「チクチク」と目が痛くなったりします。

これらは主に内装材から発生した化学物質によるもので、身体に悪影響を及ぼす物質ばかりです。シックハウス症候群になると、目や耳、鼻、喉が痛くなり、花粉症のように鼻水が止まらない、皮膚がかゆくなる、頭痛やめまいがするなどの症状が現れますが、個人差もあるために、症状の出ない人は軽く考えがちです。

また、シックハウス症候群の症状は、一般成人に比べて体力的に劣る乳幼児やお年寄りに発症することが多かったため、危険性が指摘されながらも長い間規制を免れてきました。

やっと政府が重い腰をあげて対策に乗り出し、２００３年7月から、使用建築資材に規制が設けられるようになりましたが、その実態はプロローグで紹介したとおりで、まったく効果がないものでした。「シックハウス対策のための規制ができた」と聞かされれば、「これで安心だ」と思ってしまいがちです。また、工務店の人も「国のシックハウス規制の基準をクリアしている建材ですから……健康住宅ですよ」と、建て主に説明したりします。

けっして十分な対策がとられたとはいえないのです。しかも、問題視されている有害化学物質のほんの一部、ホルマリン、トルエン、キシレンなど13種類しか規制の対象になっていないのです。シックハウスの原因になるといわれている有害化学物質は、これら以外にもたくさんあります。ホルムアルデヒドについては等級規制ができただけです。他の多くの化学物質は規制からはずれているのです。

ホルムアルデヒドは建材によって発散量に違いがあります。それゆえ等級をつけたわけですが、含有量が少ないものでも大量に使えば、総量としてのホルムアルデヒドの発散量は大差なくなってしまいます。

いま問題になっている化学物質は自覚症状があるものだけでなく、目に見えないところでさまざまな内臓障害の原因になったり、がんを引き起こすともいわれています。けっして軽視できる問題ではありません。

実際に規制の中身に一歩踏み込んでみると、不安はいっそう募ります。使用が禁止されたクロルピリホスはともかく、ホルムアルデヒドは対象になる建材が、合板、木質フローリング、パーティクルボード、MDFなど木質建材、壁紙、断熱材、接着剤、塗料など種類によって等級付けがなされただけで、実際には条件をクリアしたものならいくらでも使用できるからです。

つまり、規制がかけられたとはいえ、使える資材のなかには、まだまだ危険なものがたくさんあるのです。いまの規制は「ないよりはあったほうが少しまし」という程度のものでしかありません。言ってみれば、お役人が「対策はとりましたよ」というアリバイづくりのためのもので問題の解決にはほど遠いのです。

安全であるはずなのに計画換気を義務づけているのはなぜか

国が定めている基準には大きな矛盾があります。国は建材に含まれている化学物質の規制と同時に「2時間おきに室内の空気が入れ替わるような構造にする」と建築業者に義務づけています。建材の化学物質が基準値内で有害でなければ換気は必要ないはず。これっ

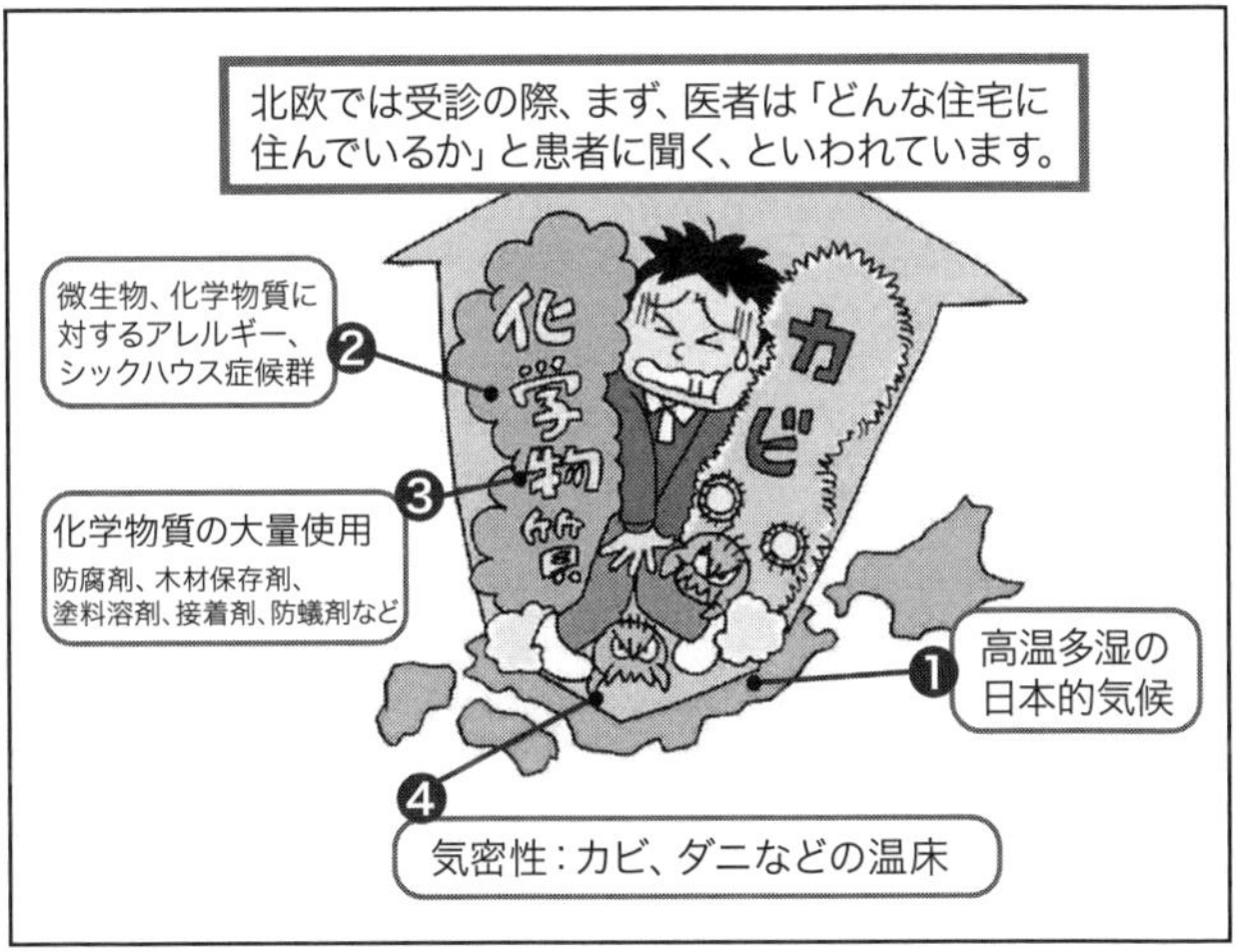

図2　室内の空気の状況

て、おかしなことだと思いませんか。

このようなことから、新建材でなく、多少高くても自然素材のものを使う人もふえています。ただ、健康によいといわれる素材を使うのは、それなりに効果があることですが、その効果のほどは未知数のものがたくさんあって、必ずしも正しい評価ができていないのが実状です。

たとえ自然素材の建材を使っていたとしても、家具、カーテン、カーペットなどに使われている化学物質はどうなのでしょうか。これらについては何の規制もないのです。また、換気をこまめにしても、外気がクリーンとは限りません。外気を入れたため、かえって室内の空気が汚れることだってないとはいえま

■空気汚染の原因

1．建材や家具などから発生する有害化学物質　(VOC)

2．室内に増殖するカビ（増殖時に VOC を発生）

3．カビによって増殖するダニ（カビはダニのエサ）

4．カビ・ダニの死がい、ふんは居室内に飛散して、アレルギーの原因になる

せんし、冷暖房でせっかく暖めたり冷やしたりした空気を外気と入れ換えるのは、どう考えても効率的でなくエコではありません。急激な温度変化は健康によくないことはご存知のとおりです。

あれこれ考えてくると、シックハウス問題は少しも解決していないことがわかります。むしろ、ゆるい規制ができたことで、規制の枠からはずれた危険物質が大手を振って、これまで以上に使われる可能性が高いといえます。自宅で吸う空気は、ますます危険になっていくかもしれないのです。

それでも、新築やリフォーム時の化学物質は2年ぐらい経つとその多くが気化して逓減していきますが、高気密化によるカビの問題はその後、5年、10年とずっと続きます。

NHKの番組では、ふつうの住宅の10畳ぐらいのリビングに、なんと2万4550個ものカビの胞子が測定されました。リビングというのは人の出入りの多い場所です。いつもドアが開閉

され、換気もされています。それでもこんなに多くのカビの胞子があるのです。

参考までに、シックハウスや健康住宅については、『解体新居 病気にならない家を造る』（榎本馨著／評言社）に詳しく書かれています。

行き過ぎた殺菌・抗菌が新たな危険を生んでいる

家庭の空気環境に関しては、もうひとつ大きな問題が残っています。それは「抗菌加工の害」ということです。

最近、家庭で使われるさまざまな商品で、「抗菌加工」の表示のあるものが目立っています。建築用の資材でも建材からクロスまで、抗菌加工したものばかりです。住環境の中での健康被害が指摘された結果生まれてきたものですが、これらのものに抗菌加工として使われる化学物質の多くは危険なものです。なぜかというと、ほとんどが農薬系の化学物質を使っているからです。農薬の危険性はいまさら改めて指摘するまでもありません。

和室に不可欠の畳。いまの畳は化学薬品で加工されています。畳の裏に有機リン系の農薬を含んだ防虫紙が貼ってあります。ダニの発生を防止するためですが、含まれる農薬量が高濃度であることはあまり知られていません。和室が好きな人は、昼間も夜間もずっと、この畳からの化学物質を吸い込みながら生活していることになります。

おばあちゃんがかわいい孫を畳の上で遊ばせ、子守歌を聴かせながら寝かせている……幸せでほほえましい光景ですが、事実を知ってしまうと、とてもおそろしいことです。

善玉菌との共生なくしては人間は生きていけない

抗菌加工の行き過ぎはなぜいけないのでしょうか。たしかに有害な悪玉細菌やダニをやっつける効果はありますが、同時に人にとって有用な善玉菌まで殺してしまうからです。

私たちの身体には、悪玉である病原性の細菌から身体を守るため、善玉常在菌が存在しています。人間の細胞数は約60兆個といわれています。ところが、その細胞の約100倍ものバクテリア（細菌）が体の表面、呼吸器官、消化器官、生殖器官に分布しているのです。

全部あわせると、私たちの身体にはおおよそ700兆個、重さにして約1キログラムに相当するバクテリアが棲みつき、それと共生しながら健康を保っているのです。とくに腸内には数百兆個のバクテリアが棲息して、食べ物を分解し、栄養を吸収したり、有用な物質の生成に寄与しています。また、バクテリアがしっかり棲息していることで、外から侵入してくる病原菌やウイルスの繁殖や感染をふせいでいるのです。このバクテリアとは、いわゆる常在菌というもので、この存在なしには人間は健康が保てないのです。

まず、皮膚。この上には常在菌がしっかりのっていて、これらは外からの真菌（カビ菌）やバクテリアの付着をふせいでいます。また、人間の皮膚はつねに新陳代謝で新しく生まれ変わっていますから、死んだ細胞のカスをバクテリアが食べることによって、私たちの皮膚は張りと赤身を保っています。このように皮膚をガードしてくれている常在菌を化学物質による抗菌剤でやっつけてしまうとどうなるでしょうか。

呼吸器官にも常在菌はたくさんあります。まず、吸い込んだ空気は口、鼻、ノドを通りますが、そのときに常在菌があることで、病原菌の侵入をふせいでいます。風邪をひいたり、わるい空気を吸い込むと咳き込むのは、呼吸器官にある粘膜に病原菌を付着させ、それ以上体内に入り込めないようにして排出しているからです。

ちなみに、呼吸するときは「鼻呼吸をしなさい」「口呼吸は万病の元」と多くの医者がいっています。鼻のほうが防菌機能がはたらき、外敵を容易に体内に入れないようにするからです。空気中にはさまざまなホコリ、バクテリア、ウイルスがいますから、口から吸い込んだ空気は、鼻腔というフィルターを通らずに直接肺に入ってきます。これが万病の元になるというのです。

消化器官は善玉常在菌の宝庫です。とくに腸内には人間と共生している常在菌の半数、数百兆もの菌が棲息しています。その代表的な善玉菌がビフィズス菌など乳酸菌系のバクテリアです。

口の中では、歯で食物をかみ砕き、唾液で最初の分解酵素を出します。食道にも常在菌があります。胃では、強い酸(ペーハー2～3)によって、食物はバラバラにされます。多少腐敗した食物やその中に病原菌があったとしても、ほとんどは胃酸でやっつけてくれます。もっとも、胃酸が多すぎて「胃酸過多」という症状を引き起こしたりしますが。それでも、胃に酸があることで、安全性が保たれているのです。

さて、消化器官のうちもっとも大事なのは腸であり、そこで働く腸内菌です。とくに小腸は、食物から栄養分を吸収してアミノ酸を合成し、免疫物質やドーパミン、セロトニンなどの「快感ホルモン」を分泌するなど、きわめて有用な働きをするのです。なんと免疫物質の80%は小腸でつくられているのです。近年の研究によると、ビタミンやミネラルの吸収も、すべて腸と腸内菌による働きであることがわかってきました。食品などに含まれているビタミンやミネラル、あるいはこれらのサプリメントは、それがそのまま体内に吸収されるわけではありません。腸と腸内菌の働きによってはじめて吸収されます。

小腸で栄養分を吸収された食物の残りは大腸に運ばれます。大腸には「大腸菌」がいます。よく「大腸菌が検出された！」などと大騒ぎしますが、体内でわるさをする大腸菌はごくわずかであるといいます。ほとんどの大腸菌は有用な働きをするのです。たとえば野菜などの食物繊維は、大腸菌がいなければ分解できません。

大腸では水分も吸収され、その一部は尿として排出されます。水分の一部は大腸に残り分解・吸収された食物の残りとともに直腸に運ばれ、そして最後に排便されます。ここで水分がないと固いウンチになり、なかなか苦しい排便となってしまいます。

このように、とくに消化器官というのは、有用物質を生成する工場のようなものです。そこで懸命に働いてくれるのが、バクテリア＝共生菌という素晴らしい技術者なのです。どんな先端科学を活用しても、新薬を投じても、この働きをしてくれる物質や生物はほかにはいません。この存在なくして、人間は生きてはいけません。

悪玉菌はほとんどいなかった

微生物や人間と共生している共生微生物である「常在菌」は、善玉菌3割、悪玉菌1割、日和見菌6割の比率で分布しているといわれています。ところが、『NS乳酸菌が病気を防ぐ』（ＰＨＰ研究所）の著者であり、日本の東大大学院を首席で卒業し、中国の知性として知られる金鋒博士（中国科学院教授）によると、そうではないのだといいます。

「人間の腸内菌にはよい菌も悪い菌もありますが、何のトラブルもない健康な人は、よい菌（善玉常在菌）が優勢な状態で保たれています。そのときの菌の分布割合は、よい菌3割、悪い菌1割、あと6割はどちらか優勢なほうに味方する日和見菌といいます。

しかし近年の研究によると、以上の推論には大きな間違いがあります。人間の体に棲む菌はその存在理由が必ずあり、本当に悪い菌はわずかなものであることがわかりました。数千種類ほどの共生菌の中に、悪い菌の名前と悪さがよく認識されたものはわずか十数種類です。ほかのいい働きをする菌のことを私たちはまだよくわからないのです。

たとえば、肌を清潔にしようとアルコールでふき取ったら、悪い菌だけでなく、よい働きをしてくれる菌、あるいはよい働きをしてくれるであろう（不明の）菌までもが殺菌されてしまいます」（『ＮＳ乳酸菌が病気を防ぐ』より）

赤ちゃんの健康を損なう愚かな行為とは

よく、赤ちゃんにおっぱいを飲ませるとき、乳首とそのまわりを抗菌ペーパーや濡れティッシュでふいてきれいにする母親がいます。これは絶対に止めてほしい。乳首のまわりには、乳酸菌やビフィズス菌がいっぱいいます。

おっぱいとおっぱいのまわりに付いている乳酸菌は、赤ちゃんの免疫に大きく影響します。これをなめて体内に入れることで、おっぱいの養分をエサにして腸内で善玉菌がふえ、免疫力を高めてくれるのです。

この大切な免疫行為を抗菌ペーパーや濡れティッシュが台無しにしているわけです。「乳首をふきましょう」とばかりに、産院のベッド脇に抗菌ペーパー・濡れティッシュを置いているところもあるといいますが、これはいけません。

考えてもみてください。むかし、そのようなことをする母親はひとりもいませんでした。ガーゼかハンカチでそっとホコリを拭き取るぐらいで、抗菌なんとかを使ったりはしていませんでした。そのせいでバイ菌が赤ちゃんの体内に入り感染症を引き起こしたということも聞いたことがありません。

このことは、おっぱいの飲ませ方だけではありません。離乳食についてもいえることです。以前の離乳食といえば、お母さんの手づくりとか、お母さんが口の中でくちゅくちゅ小さく柔らかくして、それを赤ちゃんに食べさせました。いまはどうでしょうか。レトルトの離乳食が蔓延しています。レトルト食品には菌がありません。必ずどこかで殺菌工程を経て製品にしています。これを赤ちゃんにそのまま食べさせるとどうなるか——明らかに菌不足となってしまいます。子どもが落とした食べ物を拾って食べようとすると、まるで悪事を働いた子どもを叱るように「そんなのばっちいから捨てなさい！　食べたらダメ！」といいますが、これも子どもの免疫行為をそぐことなのです。

カイチュウ博士として知られる藤田紘一郎先生（東京医科歯科大学名誉教授）は、落ちた食べ物は積極的に食べなさい、といいます。また、土をなめなさいとすすめています。なぜなら、土には土壌菌などのバクテリアがいっぱいいるからです。これを体内に入れることで、体内のバクテリアバンクが豊富になり、呼吸や食物などから入ってくる有害菌から守ってくれるのです。

殺菌・抗菌・除菌は人をも殺す

微生物や免疫のことに興味と関心をもっていろいろ調べていくと、乳酸菌などの善玉常在菌は、私たちと共生して健康を守ってくれていることがよくわかります。もう一度いいますが、この常在菌の存在なしには、私たち人間も動物も生きてはいけません。

ところが、私たちの身のまわりは、なんと必要以上に殺菌・抗菌・除菌物質であふれていることでしょうか。殺虫剤や殺菌剤は、読んで字のごとく虫や菌を殺します。いい虫もわるい虫も、いい菌もわるい菌も殺します。メーカーは殺すのは虫や菌で、人間の体には何ら問題はないといいます。ほんとうにそうでしょうか。人間の健康を保ち生命活動になくてはならない虫や菌を殺して、人体に影響はないのでしょうか。

よかれと思って取り入れた殺菌・抗菌・除菌加工グッズが、逆に私たちの健康を損ねる原因をつくってしまっているのです。近年、アトピー性皮膚炎や小児喘息になる子どもがふえているのは、過剰な抗菌加工グッズの使い過ぎが原因といわれています。

花粉症もそうです。スギ花粉をアレルギー源とする花粉症は、世の中があまりに清潔になった結果、体内の免疫機構に狂いが生じた結果引き起こすものといわれています。なにごとも「過ぎたるは及ばざるがごとし」なのです。

家のカビやダニの害を防ぐため抗菌対策を講じるのは、よほど知恵を働かせないと逆効果であることを理解してほしいと思います。カビやダニも生き物です。人体に害がないようになんとか共生できないものでしょうか。カビやダニだけを抑制して、善玉常在菌には影響しないような工夫ができないものでしょうか。

いまのところひとつだけはっきりいえることは、殺菌・抗菌・除菌グッズは、いい菌を殺してしまい、免疫力を低下させ、人の健康を害し、やがて人をも殺してしまうということなのです。

私が研究の過程で学んだことは、このような危険なことがらをFFCテクノロジーが解決していけるということでした。抗菌・殺菌処理されたものにFFC免疫加工することにより、抗菌処理の害を解決することのできる夢の建材の完成に至ったことです。2種類の鉄のバランスを最大限に活用することで、抗菌処理された床材やビニールクロスの表面に私たちの体を保護している善玉常在菌が増殖し、半永久的に善玉常在菌が棲み続けることが、大学の研究で確認することができました。

いままで人類が為し得なかった技術の誕生につながっていったと評価されています。

第2章

なぜ、自宅の空気が問題なのか

「空気」と「水」と「食べ物」

第1章で、人間が一生のうちでいちばん多く摂取するものは「自宅の空気」だと述べました。そして、「自宅の空気」がわるければ、さまざまな健康障害や病気を引き起こすことになります。

人は、空気がなければ5分で死に絶えます。水がなければ数日間しかもちません。1週間食べることができなければ動けません。どんなお金持ちでも、どんなに高度な医療を受けることができる人でも、空気と水と食べ物がなければ、人は生命を維持することができないわけです。

逆にいえば、この3つの生命維持物質を摂ることができれば、あるいは、この3つの要素を適切にすれば、人は健康に生きられるということです。

健康に生きられれば、大きな可能性が広がります。健康でありさえすれば、働くことができ、生活するお金をかせぐことができます。友人や知人からお金を借りて、会社やお店を経営することもできます。知恵を働かせれば、無限の可能性が開けているといっても過言ではないのです。

ですから、いま現在が苦しくても、健康でさえあれば「ナントカなる！」のです。そのためにも、生命を維持する空気と水と食べ物は、きちんと摂るということを意識してほしいと思います。

とくに子どもたちの健康は、家族が幸せに暮らしていく〝核〟です。子どもが病気だったり、アトピーや喘息だったり、虚弱体質だったりすると、家族は幸せな気分でいられません。なぜなら、次代をついでいく子どものために、一生懸命に働き、家を建て、少しでも子どもの成長によい環境をつくろうと努力しているからです。

子どもの健康のために、すくすく育つ環境のために、そして家族全員が幸せに暮らしていけるために、空気と水と食べ物を、どのようにすればよいか考えていきましょう。

長期保存できる食べ物はできるだけ摂らない

順序を逆にして、まず食べ物から。私は食品栄養学の専門家ではありませんが、この分野の専門家や医学・免疫学・栄養学の先生方から聞いたこと、本で学んだことをかいつまんで説明します。

まず、化学合成された食品添加物の入った食べ物は、極力食べない、食べさせない、という努力をしましょう、ということです。

ふつう、パンは1～2日でカビが生えます。では、たとえばコンビニで買った食パンはどうでしょうか。袋を開けて1週間置いてもカビません。なぜでしょうか。パンがカビないように防腐剤が入っているからです。きょうは2～3枚食べて、あとは忘れて数日後になっても残りを食べることができます。

空気中にはさまざまな細菌がいて、そのなかにはカビ菌もあります。それがパンに付着し、適度な水分、適度な空気があれば、パンはカビ菌のかっこうのエサになり、どんどん増殖します。その部分は青くなったり黒くなったりします。とても困ったことですが、これも生命の営みというものです。カビだって生物です。

防腐剤はこれを防いでくれます。人間にとってとても便利なものです。食べ物を保存できるということは、人が生き延びるためのひとつの条件です。秋に収穫したものを保存して、翌年の春まで食べられるようにすることで人は生き延びられるわけです。

ところが、化学薬品である防腐剤は、メーカーや行政がいうように人体には大きな影響はないかもしれませんが、人間と共生している常在菌への影響については、まったく何も触れていません。

防腐剤とは防菌剤のことですから、防腐剤の役目とは、菌が付着して、そのものを殺すか、活動できないようにすることなのです。

これが体内、とくに腸内に入ったらどうなるでしょうか。人間の免疫力の80%は腸と腸内菌の働きによるものです。腸内菌が働けないということは、免疫力の低下をまねくことになるのです。

多くの加工食品には防腐剤などの添加物が入っています。防腐剤だけでなく、着色剤、人工甘味料……化学合成されたこれらの物質は、善玉常在菌の活動をさまたげ、有用物質の生成ができず、結果的に人の免疫力を大きく低下させています。

食品メーカーが防腐剤などの添加物を入れるのには理由があります。店頭に並べた商品が「腐っている」、それを食べて消費者が「お腹をこわした」などということが発生すると、そのメーカーは食品市場からはじき飛ばされてしまいます。

いまはインターネットの時代ですから、そういった情報はマスコミだけではなく、ひとりの書き込みが次から次に伝播して、あっという間に消費者の知るところとなります。

では、私たちはどうすればいいのでしょうか。

前述のように、長期保存できる加工食品はできるだけ摂らないのがいちばんですが、これも現実的ではありません。

いまや加工食品がなければ「食べていけない」時代です。カップ麺をはじめとして、ありとあらゆるものが加工食品として売られています。外に出れば、ファーストフード店だらけです。とても便利です。お湯を注ぐだけ、レンジでチンするだけ、すぐに出てくるハンバーガー、どれも美味しいものです。加工食品をまったくゼロにする生活は現実的ではありませんね。

次の対応策を考えなくてはなりません。加工食品を食べ、その中に入っている食品添加物が腸内菌にわるい影響を及ぼしているとするならば、腸内菌そのものを元気にする、あるいは善玉菌がたくさん入っている食品を食べる、という方法があります。

たとえば、乳酸菌発酵の食品です。ヨーグルト、キムチなどの漬物、チーズもいいですね。納豆や味噌も発酵食品です。これらは、腸内菌の減少を補ってくれます。乳酸菌サプリメントを摂る、という方法もあるかと思います。

それから、腸内菌が喜ぶ食品もいいでしょう。ビフィズス菌がいいといいますが、これはどの人の体内にも棲みついています。この菌をふやすのならば、オリゴ糖の入った飲料や牛乳を飲めばいいでしょう。

ビフィズス菌は、自分に適したエサでどんどんふえていきます。体内の乳酸菌をふやそうとすれば、豆乳か牛乳を飲むようにするといいでしょう。豆乳は乳酸菌がもっとも喜ぶエサです。大豆アレルギーがある人は牛乳にして、牛乳が苦手な人は豆乳にすればいいかと思います。

私は外食時には必ず、アトマイザーに入れたＦＦＣパイロゲンを散布して、農薬の害をはずすようにしています。こうすることで残留農薬の害がなくなることが、ハーバード大学の研究でわかっているのです。

このようにして、現実的に賢く対処して、善玉常在菌を絶やさない、菌の活動をさまたげないような工夫をしてみてください。

なま水は飲んだほうがいい

「おや？」と思われるでしょう。ほとんどの人が子どもや、海外旅行に行く人にいう言葉は、「なま水は絶対飲んじゃいけない！」です。

それなのにどうして、なま水を飲めというのでしょうか。

先に紹介した藤田紘一郎先生は、水について大きく警鐘を鳴らしています。人がバクテリアやウイルスに感染するのは、どちらかというと抗菌や殺菌の環境にある都市部だというのです。東南アジアで集団赤痢などが発生したときに、都市部のほうが感染者が多かったという事実があるとのことです。

これは、都市部よりも田舎のほうがバクテリアが非常に多いということと関連していて、田舎のほうがバクテリアが多いことで免疫力があるからです。

子どもの頃は、よくなま水を飲みました。いまのような塩素で殺菌された水道水ではなく井戸水や山の岩肌をつたう清水を飲んでいたものです。子どもはなま水とかいろんなものを口にするので、ときどき腹痛とかを起こしたりしました。お腹にはカイチュウもいました。

でも、こうした自然な生き方で重篤な病気になることはありませんでした。アトピーも花粉症も当時は聞いたことがありません。スギ花粉がそこらじゅうにあった環境で育ったのが私たちです。

水博士でもある藤田先生はいいます。

「水の研究をしていると不思議なことに気づきます。それは、犬とか猫とかは骨の問題は一切ないということです。骨粗鬆症は人間だけの疾病です。ほかの動物、たとえばすごく年寄りの犬でも骨に何も問題ありません。その違いは、動物はなま水しか飲みません。生水とは生きている水です。沸かした水は死んだ水です。人間だけが死に水を飲みます」

私たちはお茶やコーヒーをよく飲みます。味噌汁もスープも沸かした水です。これが死んだ水というのはどういうことでしょうか。

「生きている水という意味は、バクテリアが生きているということもありますが、いちばん大きな違いは、イオンです。

生きた水は、水の分子構造そのものも生きている。水は煮沸すると構造が変わるのです。水はH_2Oではありません。分子量18のものは、１００度で蒸発しない。H_2Oで計算すると、マイナス80度ぐらいで蒸発してしまう。０度で凍ったり１００度で蒸発するためには、H_2Oの分子は５個か６個くっついていないといけないのです」（藤田紘一郎）

雪解け水は最高の生理活性水

「雪解け水は６個くっついています。雪解け水の生理活性というのはだれでも知っています。ニワトリに飲ませると卵を多く産みます。なま水は５日ぐらいたつと分子構造が６個から５個の環状になります。これでもまだ活性があります。これを煮沸すると５個の鎖

状になります。鎖状になると、もう死んだ水です」（藤田紘一郎）
つまり、分子構造そのものが変わり、性質も変わるというのです。煮沸して鎖状になると、もう水そのものが死んでいる。人はバイ菌が怖いからと煮沸したり塩素殺菌された水道水を飲んでいるけれど、それはつまり、死んだ水を飲んでいることと同じだということなのです。

これはとても重要なことです。私たちはよく自販機やコンビニで清涼飲料水を買います。このうち「ナチュラル・ミネラル・ウォーター」（無添加・無加工の天然水）以外は、何らかの加工をしています。その最たるものが煮沸です。煮沸すれば雑菌は消えますが、必要なバクテリアはなく、そして分子構造が死んだ水になってしまっている、ということをしっかり覚えておくといいでしょう。

かつて厚生労働省は、煮沸殺菌した水しか販売を認めませんでした。天然水の輸入も認めていませんでした。いま、それが大きな間違いであることがわかり、ようやく天然水を販売できるようになりました。ヨーロッパの名水といわれるものはすべて天然水です。煮沸しているものはひとつもありません。

子どもがなま水を飲んでたまに下痢をしたり腹痛を起こすかもしれません。しかし、それは免疫力を強化してたくましく育っていくために必ず通っていかなければならない「生きるための道」なのです。殺菌や抗菌で、その道を避けることは、将来により大きな禍根を残します。免疫力のない虚弱体質にしてしまうことになるのです。

藤田先生はなま水と水道水について次のように述べています。

「なま水は栄養がありませんから、バクテリアがあってもそんなにふえません。だから、なま水で本当に十分なのです。なま水を飲むと下痢するかというと、ほとんどしません。

不思議なことに、日本は世界一といってもいいほど水資源に恵まれた国です。流れ水をそのまま飲める川が全国いたるところにあります。大都市東京の水瓶のひとつである多摩川も、かつてはその上流水はそのまま飲んでもまったく何も問題ありませんでした。それほどに日本の山河は素晴らしいの一言に尽きます。

それなのに、水道水はすべて塩素殺菌しているという矛盾。逆に、ヨーロッパは飲める水が少ないから、たとえばヴィッテルはその周辺５キロ以内は人を住まわせなくしています。環境保全はきっちりやっています。ずっとむかしから、エビアンもヴィッテルもコントレックスも、きちんと環境保全しています。動物も入れないようにして山をそのまま保全しています。だから、なまの水でもバイ菌がそんなに多くなくて飲めるわけです。日本はいい所をみんな平気で汚染しちゃったから、上水に塩素をめちゃくちゃ入れています。その塩素はものすごく身体にわるい物質です」（藤田紘一郎）

現代の殺菌・抗菌生活というのは、私たち人間と共生していい働きをする細菌を殺してしまうものを、わざわざ飲んだり食べたりしているようなものなのです。

体内に入った化学物質はどうなるか

食べ物や水について書こうとすれば、それだけで5〜6冊の本になるでしょうし、もちろん本書で十分に説明することはできませんが、添加物や殺菌剤など、私たちの身のまわりは化学物質だらけといって過言ではないでしょう。その摂取量は1人年間4キログラムに及ぶといいます。

さて、体内に入った化学物質はどうなるでしょうか。

水や食べ物は消化器系を通って体内に取り込まれます。人間や動物の消化器系というのはよくできていて、それぞれの器官でいろんな働きをして、有害な物がスムーズに入らないようになっています。

たとえば、胃の場合は強酸ですから、ほとんどの物質や細菌は溶かされてバラバラにされます。化学物質はなかなか分解されませんが、腸や肝臓でその多くは解毒され、さらに小便や大便の排泄を通して、かなりのものが体外にそのまま排出されていきます。

また、そういう機能があることで、多種多様な化学物質を摂取したとしても、わずかしか体内に蓄積されないようになっているのです。そのわずかな化学物質でも問題なのですが……。

呼吸や皮膚を通じて入ってきた化学物質は解毒できない

いちばん困るのは、呼吸を通して入ってくる化学物質です。鼻から入ってきた空気は、咽喉の粘膜で多少のばい菌や化学物質を付着させますが（咳や痰は外から入ってきたバクテリアに反応したものです）、あとは気道を通って肺に取り込まれます。つまり呼吸器系は、消化器系に比べて格段に防御機能が乏しいといえます。

肺に取り込まれた化学物質は容易に体外に排出されません。肺で分解もされません。肺は血液に酸素を送り込むと同時に、血液から二酸化炭素を吸収して呼吸でそれを排出します。つまり、肺に取り込まれた化学物質は、血液やリンパ液に入り、体じゅうにまわるということなのです。

血液中に化学物質があると、その影響は全身に及びます。脳にも影響します。少し専門的になりますが、大事なことなので説明します。

脳には「血液脳関門」というのがあり、血中にいろんな物質があったとしても、それを排除する関所みたいな機能を果たしています。脳は人間の中枢をつかさどる器官ですから、そういう機能は必須です。人体というのはよくできているなあと思います。

ところが、腸内で食物の分解・吸収が十分に行われないと、硫化水素やアンモニアが発生してしまいます。硫化水素もアンモニアも、毒ガス兵器に使われているものです。有害物質そのものです。その意味からも、腸と腸内菌の働きはとても重要なのです。

その硫化水素とアンモニアは血中に入り、血液脳関門を破壊してしまうといいます。これが破壊されると、アルミニウムなどの金属類が脳にまで入っていきます。アルツハイマーに罹った人の脳を調べると、本来入っていてはいけないアルミなど重金属があるといいます。このため「アルツハイマーの原因はアルミニウムだ」とされたこともあります。

これから住宅の新築を計画している人にとっていちばん大事なことは、部屋の中で呼吸を通して入ってくる化学物質は解毒できないということを知っておくことです。

胎児の複合汚染

プロローグで、新築に移り住んで妊娠した胎児は、どのような環境で発育するかを述べました。胎児は直接呼吸しませんが、母体からの血液を通じて、酸素や栄養を吸収しています。

子宮内は、先述の血液脳関門と同じように、胎内に侵入してくる有害物質を「胎盤関門」で阻止するようにできています。しかし、すべてではありません。ウイルスやニコチン、麻薬、ある種の薬品や重金属を通してしまうのです。

このことを指摘して強く警告したのが、千葉大学大学院環境生命医学・森千里教授による『胎児の複合汚染』（２００２年、中公新書）です。

本書ではサリドマイド禍などを例にあげて、化学物質がどのように胎児に影響しているかを明らかにしました。

サリドマイド禍とは、睡眠薬として開発・販売された医薬品・サリドマイドを妊娠初期の妊婦が服用した場合に、四肢の全部あるいは一部に独特の奇形をもつ新生児が多数生じた薬害事件です。

1960年当時、日本においては、諸外国が回収した後も販売が続けられ、この遅れによって多くの被害児が出生したといいます。薬品会社と厚生省（現厚生労働省）は、西ドイツでの警告や回収措置を無視してこの危険な薬を漫然と売り続けたのです。アメリカではFDA（米国食品医薬品局）がこの医薬品を認可しなかったことで、治験段階の約10人の被害者に留めることができました。

これは薬害エイズ禍とまったく同じ構図です。薬事行政の不備を指摘するのが本書の主旨ではありませんのでこのくらいに留めますが、不眠に悩む母親にも安全なものとして開発された薬が、胎児にとんでもない薬害をもたらしたのです。

この薬の試験にはネズミが使われました。いまでも医薬品などの化学物質の生体試験にはネズミが用いられます。サリドマイド薬のネズミによる試験では「無害」でした。ところが、後に行われたサルによる試験では、人間と同じ障害が出たのです。

医薬品では、明らかに緊急性・必然性がある場合をのぞいて、患者がその医薬品を服用するかしないかを選択できる余地があります。血圧降下剤を医師に処方されても、「薬はいやだ」と思えば、調剤薬局で買わなくてもいいでしょう。そのことによって疾病リスクが高まったとしても本人の自己選択、自己責任です。

室内の環境ホルモンはどうでしょう。人は呼吸しなければ生きていけませんから、どのような室内環境であっても、妊婦も胎児もその影響を受けざるを得ないのです。床、壁、天井、畳、家具、雑貨……これらから発する有害化学物質は、如何ともしがたいのが現実なのです。

それゆえ森千里教授は、化学物質などの安全性については、成人を基準にするのではなく「胎児を基準にした環境予防医学」を提唱しているわけです。

しかし、室内環境は変えることができるのです。環境ホルモンの発生しない、おいしい空気の吸える住宅を選択することはそれほど難しいことではありません。それがこれからお話しする「ＦＦＣ免疫住宅」なのです。

第3章

明らかになったＦＦＣテクノロジーの可能性

偶然に知ったFFC

いまから15年前のことです。

妻が体調を崩し、医者に診てもらっても思わしくない。原因がよくわからず、私も妻も困っているとき、私の友人のお母さんから「飲んでみたら」と勧められたのが〈パイロゲン〉という飲み物でした。

お見舞いにいただいたので、妻はさっそく飲み始めました。どんな飲み物かというと、天然果実酢を数種類ブレンドした清涼飲料水です。健康飲料として熱烈な愛好者がいるという話でしたが、当時の私に特別な思い入れはありませんでした。

しばらくすると、妻がときどきこういうようになりました。

「このところ、すごく身体の調子がいいの。あの飲み物のおかげかしら……」

それから5〜6か月ぐらいしたときに、かかりつけの医者のところへ行って検査してもらうと、すべての数値が以前と比べ格段によくなっているのです。

妻の病気というのはひどい偏頭痛です。とくに天気のよくない日はすごく具合がわるくなり起き上がれない。普段でも人混みのあるところにほとんど出られない。子どもを出産してからずっとそういう状態が続いていたのです。

妻が元気になってくれるのはありがたいのですが、よくわからない飲み物のおかげで「寝起きがよくなった」と聞かされても、見た目はただの飲み物ですから、にわかには信じられません。「ふ〜ん」と私は半信半疑でした。

すると、私の興味なさそうな態度が歯がゆかったのか、妻はこんなことをいい出したのです。

「聞いた話だけど、飲み終わったパイロゲンの空箱に水を入れて、お花にかけてあげると、すごく元気になるそうよ。みんなそうしているらしいわ」

そういわれて初めて、私はパイロゲンという飲み物に興味をもちました。江頭家は明治以来、ずっと材木を扱う家業なので、「植物がよく育つ」という類の話には、私は敏感に反応します。

私はさっそく50鉢ほどプランターをつくって試してみました。飲み終わった空箱に水道の水を入れて、ひと晩置いたものを1週間に1度かける。その水とふつうの水をやる鉢の2グループに分け観察してみると、空箱の水をやっている鉢のほうが、ものすごい勢いで成長するのです。

これは驚きです。空箱にはもちろんパイロゲンは入っていません。入っているのはただの水道水。これと比べて、空箱に入れない水道水をかけた植物に大きな違いがあるのです。

「植物が元気になるということは、木材も元気になるにちがいない」

植物が元気に育っている原因がわからなくても、こう私は直観しました。やはりこの直観は当たっていました。

それから私はパイロゲンを徹底研究して、木材に応用してみました。

その結果は思いがけなくすばらしいもので、そこから免疫木材〈イムウッド〉が生まれ、「免疫住宅」をつくることも可能になりました。住宅だけでなく、キッチンなどの住宅設備にも有効だということがわかりました。

生命を蘇らせる不思議な水に魅せられて

植物の目をみはる成長を知った私は、パイロゲンについて調べてみました。パイロゲンの開発者は赤塚充良（赤塚植物園会長）さんという人でした。赤塚さんはアカツカグループという組織をつくっておられました。驚いたのはその活動範囲の広いことです。

清涼飲料水〈パイロゲン〉はその活動の一部でしかなく、その土台になっているのが「F

FCテクノロジー」であるということを知りました。

FFCテクノロジーというのは何なのかというと、科学知識の乏しい私が詳しく説明することはとてもむずかしいことなのですが、ひと言でいえば「すべての水を蘇生力のある水の構造に転換する技術」であるということです。

この技術は「衣」「食」「住」「環境」など、私たちを取り巻くすべての物質に蘇生力を付与する力を備えているようでした。

FFCテクノロジーの本体は「FFC水」というものです。つまり、水をFFC化する技術です。この技術がどれだけすごいものであるかは『人と地球よ、蘇れ！』（赤塚充良著、PHP研究所）や『地球を救うニューサイエンス』（吉川潔著、ビジネス社）に詳しく書かれていますので、その一部を紹介します。

「1984年に私は不思議な水〈FFC水〉に出会いました。もっとも、そのとき持参した友人は『この水だと切り花などの鮮度が長持ちするよ』といっただけでした。私はその水を水道水に数滴加えて使うと、切り花はいままでの常識の範囲をはるかに超えて長持ちをしました」（赤塚充良）

「1985年、再び友人が今度は食料品などのラッピングに使用する包装用のフィルムを持参して現れました。『このフィルムはＦＦＣ水が塗布してある。これでラップすると食品の鮮度がグ～ンと長持ちするよ』。そう言って帰っていきました。私はたまたまあった二つの苺パックの一つをそのフィルムで包んで棚の上に置きました」（赤塚充良）

この後、赤塚さんは出張で10日ほど事務所を留守にされました。帰ってきて棚の上のイチゴに気づいて、降ろしてみると、そこでは奇跡が起こっていたのです。

「ふつうのラップに包んであった苺はドロドロに腐りかけていましたが、ＦＦＣ水を塗布したラップの苺は、そのままの鮮度を保って鮮やかな赤色をしていました」

このときから赤塚さんはＦＦＣ水にのめりこんでいったようです。

赤塚さんは植物園を経営しておられ、自らが扱う植物にＦＦＣ水を用いて、革命的な業績を数々あげられました。ＦＦＣ水が植物の成長に驚異的な能力を発揮することは、もうこの時点で動かしがたいものになったようです。

植物によいものは動物にもよいはず――こういう発想はごく自然に出てくるものです。赤塚さんもそう考えて、ニワトリなど小動物で実験した後、人間にも試してみようとされたのです。

「私の両親はそろって病弱でした。とくに母はいつお迎えが来てもおかしくないほど弱かったので、少量の酢を混ぜたＦＦＣ水ドリンクをつくり母に毎日飲んでもらうことにしました。一週間続けたら下痢が始まりましたが、治まると見違えるほど元気になり、三カ月弱で家事はもとより、お墓の掃除までできるようになりました」（赤塚充良）

この実績をふまえて、ＦＦＣ水をベースにした飲料の開発が始まり、〈パイロゲン〉にたどり着いたというわけです。現在は清涼飲料水だけでなく、活水器やセラミックス、さらに土壌改良などにＦＦＣ水は広く使われています。

ＦＦＣテクノロジーの由来

ＦＦＣ水と呼ばれる不思議な効力をもつ水をつくり出したのは、杉二郎博士（東京大学教授、東京農業大学名誉教授）を代表とする学者グループです。

杉博士はすでにお亡くなりになられていますが、赤塚さんは直接、博士からＦＦＣ水の指導を受けられています。海水学会会長でもあった杉博士は、赤塚さんにＦＦＣ水の不思議な作用について、次のような説明をされていたそうです。

「太古の海水には、２価と３価の鉄が２量体として大量に溶けていた。生命誕生の頃の海水とはそういうものだったと考えられる。その後に光合成する植物が現れて、酸素を海水中に大量に放出した結果、海水中の鉄分は酸化ミネラル化して海底に沈んでしまった。水に溶けた状態の鉄というのは、きわめてすぐれた酸化防止力をもっていた。ＦＦＣ水はそれを再現したものである」

ＦＦＣテクノロジーについては、後述するように大学などの研究機関で明らかにされた数々の実験結果がありますので、これらを参考にするといいと思います。赤塚さんも私同様科学者ではありませんから、いわゆる科学的検証については、世界的な研究機関であるハーバード大学の研究者らに委託して、さまざまなデータを集めています。

世の中には、科学的検証がなされていてもほとんど効果がないものだったり、逆に従来の科学的検証手法では明らかにされないけれども、抜群の効果を発揮する新技術も多々あります。どれが本物なのか、私たちは容易に判断できません。

私の判断基準は簡単です。誰でもできる方法です。それは、自分で検証してみることです。これなら間違いありません。自分の目で見て、匂いをかぎ、なめてみて、飲んでみて、食べてみて……その結果を自分で判断するのです。人がそういうから、専門家の意見だから、役所の発表だから……私はそういうもので物事を判断しません。すべて自分の目、体験、自分の責任で判断します。これがもっとも信憑性のあることだと思うのです。

それから、その技術や製品を、誰がどのように取り扱っているか、ということも判断の目安にするといいと思います。赤塚さんは長年植物園を経営しています。植物のことはもちろん専門家であるし、FFCのすごさを確かめたのも植物の生育に関することでした。そして、それを事業にすると同時に、研究開発をずっと続けてこられているわけです。

これに対して、いろんなものを次から次に販売している人は、「これはニセモノですよ」といっているようなものです。きのう水を売っていた人が、きょうは別のサプリメントを売る、化粧品も売れば鍋釜も売る、こういうものは信用しないほうがいいでしょう。第一に、そのモノなり製品について、愛情もなく研究する努力もしていないことがわかります。

私は材木屋です。鉢植えの植物でFFCテクノロジーが抜群の効力があったのならば、木材にもあるのではないか……私も数々の素人実験をしてみたのです。その結果を見てみなければ、私自身が納得しません。

木製トレーのカビが消えた！

パイロゲンとその背景にあるFFCテクノロジーに出会った頃、私は「木製トレー」の開発をやっていて、日本で初めて間伐材を利用してつくることに成功していました。

これはテレビや雑誌でも取り上げられ、高い評価を受けていました。けれども、ひとつ大きな難点を抱えていました。梅雨時になると、一部にカビが発生することでした。

トレーは食品を載せるものですから、1000枚に1枚でも、万にひとつでもカビが出ればアウトです。この問題がどうしても解決できないため、本格的な事業化に踏み切れないでいたのです。

私は木製トレーの開発に多額の投資をしていました。なぜかというと、もし成功すれば、山のお荷物と化した間伐材の利用が進むだけでなく、衰退した家具の町・大川地区の復興にもつながると思っていたからです。

みなさんもある程度はご存知と思いますが、戦後の住宅ブームが去った後の日本の林業は長い停滞期を迎えました。木材需要は輸入材に押され、家具類も海外から安く立派なものが入ってくるようになって、国産家具市場の需要が低迷しました。日本の木材がらみの市場はことごとくだめになっていきました。そのあおりを食って林業そのものが悲惨な状態になりました。

日本は戦後に住宅建設のため樹木を大量に伐採しましたが、一方で植林もきちんと行っていたので、国産材の不足はありませんでした。しかし、コスト面で輸入材に太刀打ちできなくなりました。ここでじつに困った問題が起きてきました。

山の手入れがおろそかになったことです。

樹木というのは、下刈りや間伐をきちんとやってあげないと、よい木に育ちません。間伐は林業にとっても、健全な森の維持にとっても不可欠な作業といえます。ところが間伐材が出てきても利用されないのでは、今度は林業家が困ります。間伐材をもって行く場がないからです。

以前は炭焼きなどに需要がありました。割り箸も間伐材を利用しましたがいまは中国からの輸入です。ホームセンターで売られている合板もほとんどが輸入材です。需要がどんどんなくなって、間伐材は使われないまま放置され、山のお荷物といわれるようになってしまったのです。

一方で家具の町・大川地区の衰退も半端ではありませんでした。活況を呈していた頃は、大小合わせて１５００社ほどあった大川地区の家具メーカーが、３００社近くまで減ってしまい、年間１５００億円あった売上も、わずか２００億円台にまで落ち込んでしまいました。

「大川を何とか復活させたい」

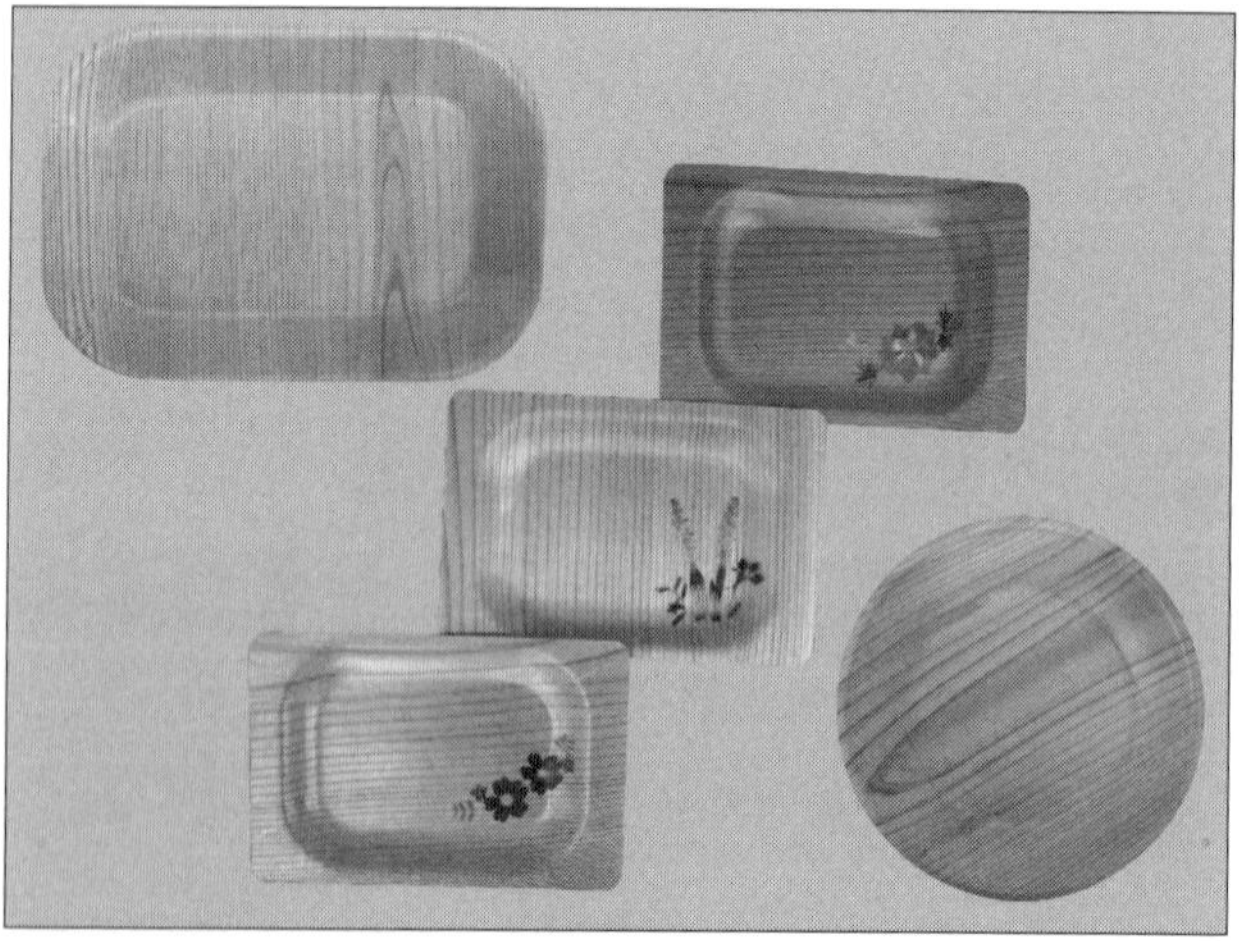
写真1　間伐材でつくられた木製トレー

私はこの思いを強くもっていたのです。こういう事情を背景に木製トレーの開発に取り組み、一定の成果を得た矢先にカビ問題に直面し悩んでいたのです。
だからFFC水に出会って「植物が元気になるなら、木材も元気になるにちがいない」と思ったとき、頭の片隅にはすでにトレーのカビ対策に使えるかも……というひらめきがありました。
さっそく試してみようと、トレーをパイロゲンの空箱水に漬けると、カビが発生しないのです。条件のわるい場所に置いてもカビが生えない。でも、その段階では、なぜカビが発生しないのか理由がわかりませんでした。パイロゲンは原料に果実酢を使っていますから「酢の力だろう」と思った私は、母校である福岡大学の研究室に聞いてみました。

そうしたら「1万倍に薄めると、酢の効力はゼロになる」と教えられました。それならと、1万倍以上に薄めてやってみたら、やっぱりカビない。これで酢の力ではないことがはっきりしました。酢の力ではないなら何の力によるのか――。もう答えは出ています。FFC水しか考えられません。

「FFC水はすごい！」と改めて私はそう思いました。

といって、トレーのカビ対策としては、こんな単純な観察と実験では世間には通用しません。本格的なデータを取ろうと考え、自分流でFFC水の研究を進める一方、大学の研究室にも協力をお願いしたのです。

本格的な実験に着手

この頃の私は、もうFFC水の木材への応用にかなりの自信をもっていました。

赤塚さんにも、私は知り得たデータを送らせてもらいました。

はじめ赤塚さんは「えっ、木材に？」と思ったらしいのですが、私が次々送りつけるデータを見て安心されたのか、「いちど会いましょう」といってくださった。それはちょうど、私がＦＦＣ水に取り組んで2年ほどたった頃のことです。

初めてお目にかかったとき、赤塚さんはこういう申し出をしてくださいました。

「すごいデータとは思いますが、まだ本当かどうかわからない。研究費用を私も出させていただきますから、江頭さん、腰を据えてしっかりやってみてください」

私は無条件で研究費を出してもらえることになりました。とてもありがたいことでした。

これに力を得た私は、トレーにカビが生えない実績を踏まえて、「免疫木材」づくりの研究に取り組みはじめました。

病んだ木材の「樹能復活」に手がかりを得る

読者の皆さんは、樹木が伐採されると、どうなると思われますか。

花でもそうですが、切って花瓶に生けると、しばらくは花の美しさを楽しめますが、やがて枯れてしぼんでしまいます。

樹齢何百年の霊木も、切り倒されてしまえばおしまい。たどる運命は、摘まれて花瓶に生けられた花と同じです。読者の皆さんは、切り倒された木は「もう、生命体とはいえない」と思っておられるのではないでしょうか。

でも、木というのは少し違うのですね。

木は伐採されると、いったんは木として成長するという第1次生命力は断たれてしまいますが、細胞は腐敗することなく、一説によれば、樹齢と同じくらいの年月、安定した木材としての姿をとどめます。木には第２次生命力があるといわれています。その証拠に、世界最古の木造建築物「法隆寺の五重塔」は、１３００年の歳月を経た現在でも、凛とした姿を保ち続けています。

鉄筋コンクリートで固めた建造物より、木の建造物のほうがはるかに長持ちするのです。ただし、これにはひとつ条件があります。

木そのものが「健全に育ったもの」であるということです。

いくら木が長持ちするといっても、不健全な育ち方をした木は、法隆寺のようにはいきません。すぐ虫や微生物にやられ、腐って分解してしまいます。

いまの木は、排気ガスなどの大気汚染、水質汚濁などの影響を受け、むかしと比べものにならないほど生命力の弱いものになってしまっています。その生命力の弱さが影響してカビも生えやすいのです。

こうした現状を打開するためには何が必要か。森林の健全化ということが、まず大前提になってきます。しかし、いまは森林に悪影響を及ぼす大気汚染や水質汚濁などが、広範囲に及んでいますから、一朝一夕に方向転換することはむずかしい。森の健全化のためだけに、社会の仕組みを急に変えるわけにもいきません。

ではどうしいたらいいのか。

次善の策ではありますが、病んで弱くなってしまった木を、対症療法的ではあっても、少しでも治療を施し元に戻す工夫が必要になってきます。

よい環境下で健全に育った木と同じような能力を取り戻させる工夫です。第1次生命力を失っても、第2次生命力を保持していられる木にすることです。

重みに耐える堅牢性、水分調節能力、通気性、殺菌力、防虫力など……かつての樹木は伐採された後でも、こういう能力を当たり前に保ち続けていました。だから、人々は木を使って建造物をつくってきたわけです。

木がもともと備えている能力を「樹能」といいますが、いまの木材はこの樹能がすっかり衰えてしまっています。このことは、すでに誰もが気づいていたことですが、弱った木の樹能を取り戻させる手立てがいままで見つかりませんでした。私自身もそれを見つけようと悪戦苦闘していたのです。

間伐材を何とか利用しようと、木製トレーの開発に取り組んだのも、そうした努力の一環といえます。

子どもの頃から木材のなかで育った私にとって、木は自分の身内のようなものでした。木1本1本とよく話をしたものです。

「自分はこの用途に向いているよ」

こんなふうに木は私に話しかけてくる。木とのやり取りが楽しくて仕方がなかった。そんな木がすっかり弱くなり、間伐材にいたっては行き場をなくして、山の中に放置されたままなのです。

「間伐材を有効に活用するにはどうしたらいいのだろうか」というのが、年来の私のテーマだったのです。これは日本の林業全体が抱えている問題でもあったのです。

そんななかで目に止まったのが、薄くスライスした突き板を3枚組み合わせ、熱プレスで成型と接着（多少糊は使う）を同時に行うことが可能な技術でした。

この技術を間伐材の利用に用いることはできないか。そこで、いろいろ比較検討した結果、「お盆のような形がいちばん向いている」ことがわかったので、当時問題となっていた発泡スチロール製の食品パックトレーに対抗する製品をつくってみようと思い立ったのです。

このトレー開発プロジェクトは、前述したように、自分でいうのもおかしいですが、思いのほかうまくいきました。しかし「やった！　これで間伐材の有効利用ができる」と喜んだのもつかの間、カビという予想外の大敵に遭遇してしまいました。

私が幸運にもＦＦＣテクノロジーというものに出会ったのは、まさにそんなときだったのです。

ＦＦＣ再現実験のなかから免疫木材は生まれた

ＦＦＣテクノロジーに活路を見出した私が最初にやったことは、それまで赤塚さんのところで起きた数々の奇跡的な事実を、自ら再現してみることでした。

手始めに試みたのは、伝説的に語り継がれてきた「イチゴのテスト」でした。

ＦＦＣ処理した木製トレーと、発泡スチロール製のトレーにイチゴを載せ、ラップ用の透明フィルムに包んで1週間、10日とその変化を観察しました。

結果は赤塚さんのところで起きたのとほぼ近いものでした。

次ページの写真2はそのときのものです。

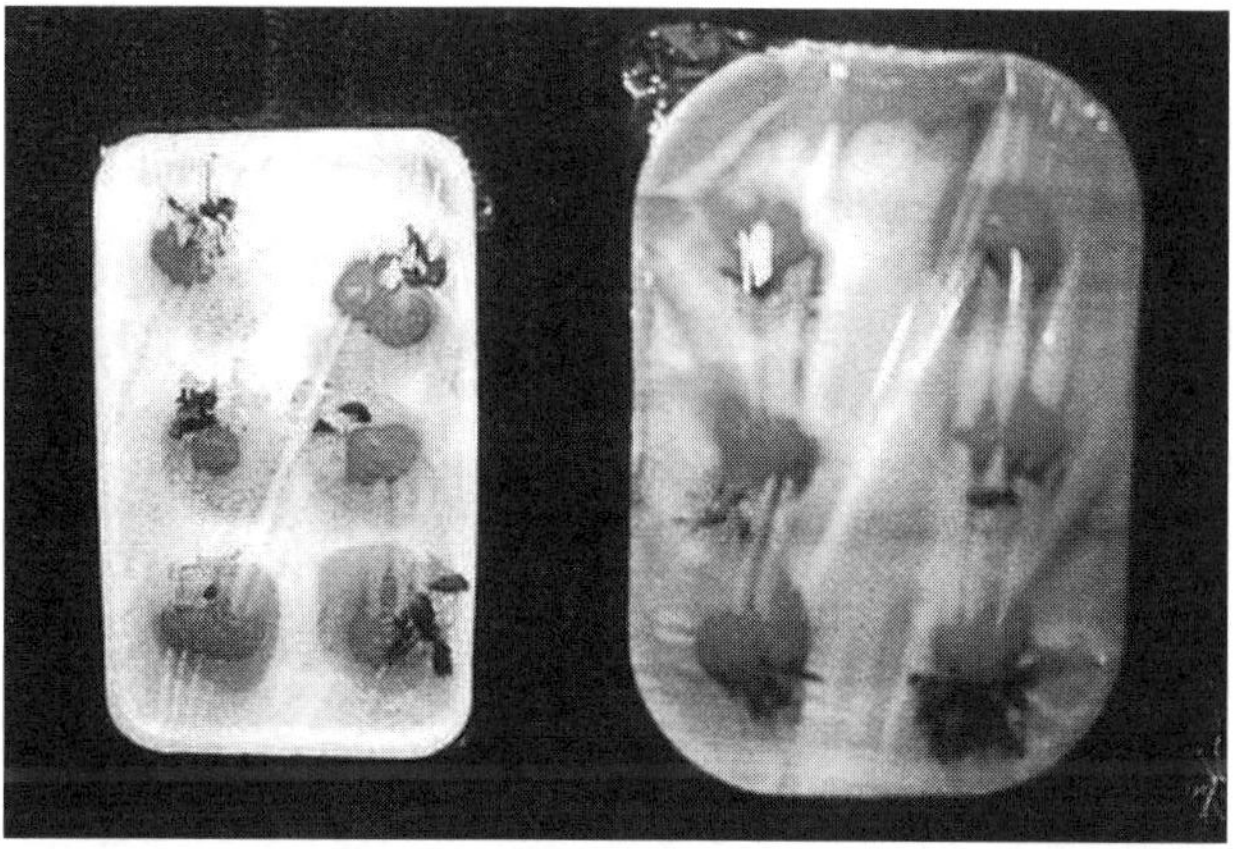

イチゴを、通常の発泡スチロールのトレー（写真左）と、FFC加工した木製トレー（写真右）に載せ、ラップでくるんだ。

10日後、双方のラップをはずすと、発泡スチロールのトレーのイチゴは腐っていたが、FFC加工した木製トレーのイチゴは若干傷んでいるだけだった。

写真2　発泡スチロールとFFC加工木製トレーの比較

これをご覧になれば、赤塚さんのところで起きた奇跡的な事実が、一過性の偶然などではなかったことがおわかりになると思います。科学的な検証のひとつに「再現性」があります。同じ方法を用いれば、誰がやっても同じ結果になるということです。

免疫木材への第一歩になったのは、スライスした突き板を合板に貼り合わせ、その変化を観察したときです。

わずか0・3ミリの薄い突き板の原料となる木材をＦＦＣ処理しただけなのに、それを貼り合わせた合板では、トレーで起きたのと同じ効力が発揮できたのです。

次にその合板を使って容れ物をつくってもらい、その中にミカンを入れてどうなるか観察してみると、期待どおりの鮮度が保たれることがわかりました。

さらに九州芸術工科大学（現九州大学芸術工学部）に依頼して行ったテストも、大いに期待を抱かせるものでした。

このテストは、「ＦＦＣ処理した合板ベニヤで囲った部屋」と「無処理の部屋」で学習してもらい、その後の学生さんの生理的な変化を追うというものでした。

結果はどうだったかというと、ＦＦＣ処理された合板ルーム内では、「人のリラックス状態が高まる」ことが確認されました。

この結果を知って私は大いに勇気づけられました。免疫木材への可能性を示唆するものだったからです。

森林へ行くと、人はみなリラックスします。その理由は長い間解明されていませんでしたが、いまでは芳香性物質「フィトンチッド」のおかげといわれています。

ＦＦＣ処理した木材で囲った部屋で、果たしてフィトンチッドが出たのか、それは私にはわかりません。だが、はっきりしているのは、ＦＦＣ処理した木材に囲まれると、森林へ行ったのと同じような効果が得られるということです。一連の研究結果が示したことは、どれもこれも木が本来的にもつ樹能を現すものばかりでした。

ここから私は、ＦＦＣテクノロジーを使えば、健全な森林に行ったときと同じような心地よい環境、おいしい空気の吸える空間を自分の家でも再現できるのではないかと考えたのです。

思い立ったらじっとしていられない私は、早速プレス機のメーカーに依頼して試作機づくりに入りました。結局は手づくりに近い形になってしまいましたが、とにかくトレーの生産機械は出来上がりました。

免疫木材の開発に関して技術的な経緯は省きますが、ひとつだけいえることは、トレーのカビ対策という難問に出会っていなければ、免疫木材は誕生していなかっただろうということです。人はともすれば難問に出会うことを嫌がりますが、問題を抱えることこそが、次への飛躍のステップなのかもしれません。

しかしながら、木製トレーの生産はできたけれども、事業としては結果的にそれほどうまくいったとはいえません。

「日本の山を健全な姿に保つため間伐材の活用がいかに大切か」という話はどこの企業も熱心に聞いてくれましたが、いざ商談となると、とたんに口が重くなるのがおおかたの反応だったからです。

要するに、発泡スチロールで充分用が足りていたのです。

でも、私はあきらめませんでした。「無釘（くぎなし）パレット」の開発に着手したり、免疫木材や免疫家具など、ＦＦＣの木材への応用の輪を広げていきました。

おかげでいまでは、家1軒まるまる免疫木材で建てることができ、家具類もつくれるようになりました。

また、ＦＦＣテクノロジーによる免疫加工は、木材だけでなくキッチンやバスなどの水まわりにも活用することが可能になりました。こうして免疫住宅づくりの技術的基盤が確立されたのです。

水に溶ける鉄の秘密

ＦＦＣテクノロジーを使っていると、予測を超えた環境蘇生型のデータが出てきて、正直戸惑うこともあります。

たとえば、水中でクギなどが錆びない、金属製のマンホールの蓋がいつまでもピカピカというのも〝びっくり現象〟の1例といえるでしょう。

鉄が錆びやすいのは誰もが知っています。とくに水分のあるとき錆びるスピードは加速されます。ピカピカ光っているクギも、水滴がついた状態で半日も経過すれば、もう錆が出てきます。

ではＦＦＣ処理するとどうなるのでしょうか。

ＦＦＣセラミックスを入れた水中ではクギはなかなか錆びません。肉や魚もＦＦＣ処理することで、常識を超えた鮮度を長時間保つことができます。

ただ、なぜそうなのか――。万人が納得するような科学的な説明をいまここに述べることはできません。有力な仮説としては、「腐敗の方向に導く働きをする細菌類が増殖しにくい環境が形成される」ということなのです。

このような環境を私たちは「蘇生型環境」と呼んでいます。

自然界には物質を崩壊や腐敗へ導く分解者の役割をする存在があります。森の中で自然に倒れた木には、キノコ系の菌が取り付いて分解します。分解者という存在がなければ、自然界の物質循環は起こりません。だから私たち人間には不都合なことのほうが多い悪玉微生物も、自然界の仕組みの中では必要不可欠な存在なのです。

自然をよく観察してみると、その驚異的な巧妙さがわかってきます。

たとえば作物に害虫がたかるのも、仔細に見ていると「たかられる理由のある」ものにたかっている。虚弱だったり、日陰にあったり、生育のよくないものだったり……まったく健全な存在には害虫も近づきがたいものなのです。

もし作物が全滅するようなら、そこには全滅しなければならない正当な理由が必ず存在している。自然の営みでは、いかなる現象も「必要・必然」だからです。

こうした自然の巧妙なメカニズムを頭に入れながら、改めてＦＦＣテクノロジーを眺めてみると、そこには何か秘められたメッセージのようなものが感じられます。

現代人は何かにつけて「科学的な説明」を求めますが、「それはそれとして、よいものだからどんどん利用しなさい」といっているように私には感じられます。

エジソンが次々と電気を利用した発明品を発表して脚光を浴びているとき、ひとりの学者が意地悪な気持ちを込めてエジソンにこう尋ねたことがあります。

「ひとつ質問をしてよろしいですか、エジソンさん？」

「どうぞ、何なりと……」

「あなたは電気を利用した発明をいっぱいされていますが、そもそも電気とはいったい何なのでしょうかな？」

電気の正体はいまでもわからないことがたくさんあるといいます。ましてエジソンの時代はもっとわからなかった。質問者はエジソンを困らせてやろうとしたのです。このときエジソンはどう答えたか。

「じつは私もよくわからないんですよ。ただ、すごく便利なものだから、いろいろ活用法を見つけているだけです」

もしも電気の全貌が明らかになるまで活用しなかったら、今日の電気を用いる文明生活はありません。科学的な探求も大切ですが、それよりも有効に利用することのほうがもっと大切だと思います。

ＦＦＣテクノロジーについても同じことがいえます。

「水中でも釘が錆びない？　そんなことあるはずないじゃないか」

「イチゴがいつまでも腐らない？　気のせいじゃないの」

こういうのは簡単です。でも、釘が水中で錆びないことも、イチゴがいつまでも鮮度を保つことも事実です。私自身が実験して確認しています。

ＦＦＣテクノロジーに関しては、「不思議な水」として登場して以来、それを活用した人から、奇跡的な事例が多数報告され、そのなかのいくつかは再現性をもって科学レベルで確認されています。

いま私たちのやっていることは、エジソンの発想と同じです。

ＦＦＣテクノロジーが人間の健康や快適な住まいづくりに有効だから、みんなで情報を伝え合って、大いに活用しようではないかということです。

広がる用途が証明するＦＦＣ水の万能性

そこで、いままで明らかになったＦＦＣ水の活用実績のなかから、いくつか紹介してみることにしましょう。

まずは農業・食品分野から。ＦＦＣテクノロジーの本体は水ですから、やはりＦＦＣ水は農業に広く採り入れられています。

農薬や化学肥料を多用する農業が作物にも人間にもよくないことは、いまや誰もが認めています。それでも安定した収穫を得るためには、「使わざるを得ない」というのが、農家のみなさんのホンネだと思います。

ただ、いまは使用基準がとても厳しくなり、ひところに比べれば農薬の使用量は大きく減りました。これはとても結構なことです。

でも、それでお米や野菜は実感できるほど美味しくなったでしょうか。単に化学肥料を使わない、農薬を減らしたというだけでは、危険性が少しへって、栄養価が少しふえた程度のものです。

ＦＦＣ水を使うと、そんなものではありません。土壌がみるみる息を吹き返し、農薬や化学肥料に頼らなくても、信じられないほど立派なお米や野菜ができてきます。そのことは、先に紹介した吉川潔著『地球を救うニューサイエンス』にたくさん報告されています。

いくつかピックアップしてみましょう。

「平成5年の稲作は全国的に冷夏、長雨にたたられ大凶作となりました。ところがこのような最悪の条件下でも、FFCテクノロジーを活用し、あきたこまちを平年の80～90％の収量を確保した農家が岩手県にありました」

「有機農法のキュウリでも、しばらくすると先っぽのほうから黒ずんで縮み始めますが、FFC農法を活用したキュウリは、常温下で長期にわたり収縮することなく、何か月も黄色く完熟の方向へと進み原形をとどめています」

「FFC農法を10年続けている農家があります。ここの土壌は農業の常識が次々と覆るようなことが起きている。白菜を植えて、その畑で育った白菜から種を取ってまた育てるということを繰り返した結果、びっくりするほどジャンボで味のよい白菜が採れるようになりました」

収穫されても細胞が壊れるのではなくまだ成長するということは、FFC水の細胞への浸透力は驚異的なものがあるようです。この現象は、私が体験した木の第2次生命力の働きととてもよく似ています。

どちらも植物だから、本来的に第2次生命力をもっているのだと思います。ただ、農薬や化学肥料を使うことで第2次生命力が弱くなった。これは想像ですが、化学薬品を使わず、水も空気もはるかにきれいだった昭和40年代以前のキュウリは、現代と比べたらはるかに長持ちしたのではないでしょうか。味もよかったはずです。

化学薬品や農薬、それに食品添加物が多く使われはじめたのは昭和40年代からです。それまでは日本の農業は有機栽培がほとんどだったのです。農家は例外なくニワトリやブタを飼っていましたから、鶏糞や豚糞、あるいはくみ取り便所の人糞は、田畑の栄養源、野菜や芋類、果物の生育になくてはならないものでした。

ＦＦＣ農法による農作物では、あきたこまち、キュウリ、白菜、タマネギと、似た事例は山ほど報告され、〈パイロゲン〉愛好者の間では、ＦＦＣ農法の作物は引っ張りだこになっています。

食品分野では、そば打ちやパン焼きの職人さんから「ＦＦＣ水が手放せない」と珍重されているほか、ビールづくりではとんでもない快挙を成し遂げています。

初めて地ビールをつくった人が、国際コンテストに出品、金賞をとってしまったこともあります（スワンレイクビール、１９９８年）。

畜産の養鶏分野でもＦＦＣテクノロジーは注目の的です。

いち早く導入した広島の養鶏業者は、１か月３～５％あった幼鶏育成ロスを、０～１％に減らすことができたうえ、産卵率を10％向上させています。

このほか、カキの養殖や牛豚の飼育にもＦＦＣテクノロジーは導入されて、目を見張る実績をあげています。東南アジアでは、エビの養殖にも抜群の効果を上げています。

建築関係では、私が経験した次のような興味深い事例があります。

セメントに水を加えると、セメントゲルが生成して硬化していく一方で、水酸化カルシウムを主体とする水溶性塩も生成します。これが白華（はっか）成分といわれるもので、建造物ができた後に吹き出て厄介者扱いされています。

ＦＦＣテクノロジーを用いることで、白華現象を抑制する可能性があることを知ったのは、かねてから白華現象で悩んでいたブロック業者の話を聞いたときでした。

白華現象はコンクリート住宅だけでなく、高速道路や新幹線架橋の部分割落事故にもつながる現象なので、この発見は大きな成果であったと思います。

建造物分野では、新潟のホテルがＦＦＣを全面的に導入し、全館をお客様が大喜びする「癒し空間」にした例があります。ここでは、ホテルの地下にある１８０トンの受水槽と、2か所の高架水槽に、約60キロのＦＦＣセラミックスを導入しました。

神奈川のスポーツクラブでは、受水槽にＦＦＣセラミックスを入れたら、プールの塩素臭が消えたといいます。夏場になると受水槽が少し臭うので、この時期に〈パイロゲン〉

を入れ、完全に塩素臭を消しています。

静岡県富士市の健康ランドでは、屋外に人工のせせらぎをつくり、ホタルの幼虫を放したところ、夏期になったらホタルが飛んで人々を楽しませた、という報告があります。人工環境では、よほど条件が整わない限りホタルが育つことはありません。まして人の目を楽しませるなど至難の業です。

ホテルの人工せせらぎにホタルが飛び交う様子がよほど珍しかったのか、この快挙は平成11年5月31日付けの朝日新聞静岡版に掲載されています。

最近では株式会社赤塚の敷地にもホタルの人工せせらぎがつくられ、ビオトープの環境でホタルの幼虫、カワニナ、エビ、メダカ等が元気に成長を続けています。

FFCテクノロジーとエントロピーの法則

ところでFFCテクノロジー、FFC水というものが導き出す現象とは、いったい何なのでしょうか。

この章のはじめに「すべての水を蘇生力のある水構造に転換する技術」といいましたが、FFCテクノロジーが導き出すのは「酸化型の世界を蘇生型に転換させること」といってもよいでしょう。

周知のように、私たちが生きるこの3次元世界は物質世界です。物質世界には時間軸に沿った絶対的な法則がひとつだけあります。

「エントロピーの法則」と呼ばれているものです。

エントロピーとはギリシャ語の「変化」という意味ですが、この法則を手っ取り早く理解するには「覆水盆に返らず」と覚えればいいでしょう。

カップの中のコーヒーをこぼしたら元には戻せません。ビデオでその様子を撮っておいて逆回しをすれば、こぼれたコーヒーはカップに戻っていきますが、同じことを現実世界で演じることは絶対にできません。この法則がいかに重要かということは、『エントロピーの法則――21世紀文明観の基礎』(竹内均訳、祥伝社)の著者、ジェレミー・リフキンが次のように述べていることからも理解できます。

「この法則は、一般には、『熱力学の第2法則』として知られているものであり、現代物理学が絶対的な真理として認めているのは、この法則だけである。その他のものは、たとえばアインシュタインの相対性理論にしても、あくまで仮説であり、エントロピーの法則以外の物理法則は、すべて暫定真理にすぎない」

つまり、唯一絶対の真理は「覆水盆に返らず」ということです。では、この法則とFFCテクノロジーはどんな関係にあるのでしょうか。

エントロピーを考えるとき、「エントロピーの増大」と「エントロピーの減少」という正反対を意味する２つの言葉が用いられます。

ふつうにエントロピーの法則というときは、「エントロピーの増大」を意味しています。たとえばここに1冊の本があります。そのままなら「本」としてモノの役に立ちます。では、ビリビリと引き裂いてしまったら？　もう本としては使えません。

これがエントロピーの増大です。たとえ、引き裂かれなくても、やがて本はボロボロになって使えなくなります。生命も含めあらゆる形あるものは、本と同じ運命をたどります。

「物質とエネルギーは、ひとつの方向のみに、つまり使用可能なものから使用不可能なものに、利用可能なものから利用不可能なものに、秩序化されたものから、無秩序化されたものへと変化する」（前出『エントロピーの法則』より）

人間が年をとっていくのも、この法則に支配されているからです。あらゆる物質は時間の流れとともに、秩序ある姿から無秩序（崩壊、分解、腐敗、死滅など）へと向かっているのです。

では、もうひとつの「エントロピーの減少」とは何か――。これこそがFFCテクノロジーと関係してくることです。エントロピーは自然の状態ではどんどん増大して、いずれは最大値になります。最大値になるとは、たとえばこういうことです。

暖炉から真っ赤に焼けた火かき棒を取り出すことを考えてみてください。火かき棒はだんだん冷えていくが、まわりの空気は暖められていく。やがて時間の経過とともに、火かき棒も周辺の空気も同じ温度になります。これがエントロピーの増大のプロセスであり、最大値の状態（平衡状態）です。

しかし、私たちはふたたび火かき棒を熱することができます。暖炉の火の中に入れればいい。そうすれば冷えた火かき棒はだんだん熱くなっていく。これがエントロピーの減少ということです。

読者のみなさんはここであることにお気づきと思います。

エントロピーの増大はほうっておいてもなるが、エントロピーの減少には別のエネルギーが必要だということです。逆に何かエネルギーを与えてやれば、エントロピーの増大を食い止めることができる。ここから生命というものに関して、とても重要な原則が導き出されます。それは、「生きる」ということは「エントロピーの減少過程」だということです。

かりに生まれたばかりの赤ちゃんを、そのままにしておいたらどうなりますか。たちまち飢えて死んでしまうでしょう。お乳という栄養を与え、防寒、避暑、その他あらゆる形で世話をやいてあげなければ育ってくれません。

方向としては、生まれた瞬間からエントロピー増大（つまり死）の方向へと進んでいくことは避けられませんが、生きるためには不断にエネルギーを取り込まなくてはなりません。エネルギーを取り込んでエントロピー減少の状態を保つことで、私たちも含めたあらゆる生物が生きてゆけるのです。つまり、私たちはエントロピー増大の法則が基本的に支配する物質世界で、何とかエントロピーの減少過程をつくり出して生きているのです。

それはさながら死を取り巻く世界のなかで、生命の糧を必死に見つけて生き延びているようなものです。では、こういう世界のなかにあって、ＦＦＣテクノロジーはどう位置づけられるのでしょうか。

最強の「エントロピー減少システム」

私がこれまで携わってきた率直な印象を申し上げれば、ＦＦＣテクノロジーは、「魔法の杖」といってよいでしょう。そのことはＦＦＣテクノロジーがこれまで示してきたさまざまな実績が何より雄弁に語ってくれています。

ＦＦＣ水をベースにした清涼飲料水を飲んだことにより、病気を克服でき、健康を保ち、癒されている。その一例が私の妻です。

福岡大学の研究室で行われた細菌を使った実験では、生命を脅かす悪玉菌をやっつけ、善玉菌の増殖を促しました。

また、先に紹介したようなさまざまな事例……いつまでも新鮮さを失わないイチゴ、腐敗に向かわず原形を保ち続けるキュウリ、大きく育ちながら、なおかつ味がよい白菜、あるいは水のなかでも錆びない釘などなど。

魔法の杖に触れたものがすべて黄金に変わるように、ＦＦＣテクノロジーを活用するものは、すべて生命を守り癒す方向へと働くのです。

住宅でもそうです。免疫住宅では各部屋が、さながら古代の森のような、空気のおいしい空間になる。その部屋のマイナスイオンを測ってみると、外気よりも多かったりする。ＦＦＣの住環境ではプラスイオンが増加しにくい結果となったのです。こんなこと、ほかの技術では起こり得ません。

最近、マイナスイオン発生器というものが売られています。これを使っても部屋をマイナスイオンで満たすことはできます。でも、そうするためには、電気エネルギーを使って発生器を動かさねばなりません。もっといえば、発生器をつくること自体に多くのエネルギーを要しています。

免疫住宅の場合は人工的なエネルギーは一切使っていません。エントロピーの減少のためには、何かエネルギーを使わなければならないはず。免疫住宅の部屋では、いったいどんなエネルギーが使われているのか。

私が説明できるのは、免疫住宅は、エネルギーというものを使わずに蘇生させる機能があるということです。

いまのところ、すべての人が納得する形でこれ以上の説明をすることができませんが、それゆえＦＦＣテクノロジーの効果に疑問を呈する人もいて、彼らが異口同音に発する言葉が「科学的に証明されていない」ということです。

私は必ずしもそうは思いません。なぜなら、原理的な説明はできていないけれども、臨床的には科学的な研究がきちんと行われ、再現性も確保できているからです。

ＦＦＣテクノロジーは、ひょっとしたら人類が発見した最強の「エントロピー減少システム」といえるのではないでしょうか。

人類は大むかしから「生きる」ということがいかに大変かを実感してきました。これは無理もありません。エントロピーを増大させるものが山ほどあるのに、エントロピーを減少させるものは希少な存在でしかないからです。

水や食物があり、衛生環境が整い、病気になれば病院へ行けるという恵まれた環境にあっても、私たちの生命はつねにむしばまれています。その証拠に病気になる人たちが後を絶ちません。医学がこれだけ進歩し、社会環境も整い、食糧も物資も豊富で、戦争もしてない日本ですら、私たちが不健康に陥っているのは、どこかおかしいと思いませんか。理由ははっきりしています。

私たちはエントロピーの減少によって生命を保っていられるのに、エントロピーの増大にやたら力を貸してきたからです。人類はどこかで間違った。だが、多くの人はその間違いに気づいていていない。ではどうすればいいのか。『エントロピーの法則』のジェレミー・リフキンは同書のなかでこう書いています。

「この法則は特殊な力をもっている。この法則を十分理解すれば、なにゆえに現代の規範が瓦解したのかを正確に教えてくれるはずだ。いまや誰が見ても明らかなのに、どうして誤った原理や理論を信じ込んできたのか、唖然とする時代が到来するにちがいない」

ここでリフキンが「誤った原理や理論」といっているのは、大多数の人が「正しい」と信じて疑わない原理や理論のことであるということです。

たとえば「FFCテクノロジーなんて、科学的に何も説明できないじゃないか」という人たちのバックにある科学的知識のことです。その知識自体が本当に正しいものであるかどうか……。

私たちは身近な科学知識として「触媒」ということを知っています。Aという物質とBという物質を混ぜても何の変化も起こらないのに、そこにCという触媒となる物質を投与すると、AとBがたちまち化学反応を起こして、まったく違う性質の物質が生成されたりABの性質自体が変化していく。なぜそういうことが起こるのか、科学的には何も解明されていません。地球上のあらゆる事象で、科学的に証明されていることのほうがむしろ少ないのです。

第4章

データが証明した免疫住宅の癒し効果

第1章、第2章で、家のカビやダニの害は深刻だが、これを防ぐため殺菌・抗菌対策を講じるのは、人間の生命活動に不離一体である善玉常在菌を殺して免疫力を低下させ、人体にかえってわるい影響を及ぼすといいました。また、化学物質に汚染された室内の空気は、呼吸を通じて、人体、とりわけ胎児に〝複合汚染〟をもたらしていると警告しました。このような生命にかかわる問題に対して、第3章では、その解決に大きな効果を示したＦＦＣテクノロジーというものを紹介しました。

そこで本章では、ＦＦＣテクノロジーを活用した「免疫木材」「免疫住宅」は、どのような働きをしてくれるのか。数々の実験結果などを紹介しながら説明します。

善玉菌が増殖して、悪玉菌が減少する

まず免疫木材とはどんなものかを、簡単に説明しておきましょう。

免疫木材は、従来の木材に、物質を蘇生させる技術であるＦＦＣテクノロジーを使い、一定の処理を加えたものです。ＦＦＣテクノロジーで処理された水（ＦＦＣ水）には、物質を「蘇生に導く機能」があります。人間がＦＦＣ水を飲むと、細胞が活性化し健康体になる。この技術を木材に用いて、樹能（木材本来の機能）を蘇らせたのが免疫木材です。

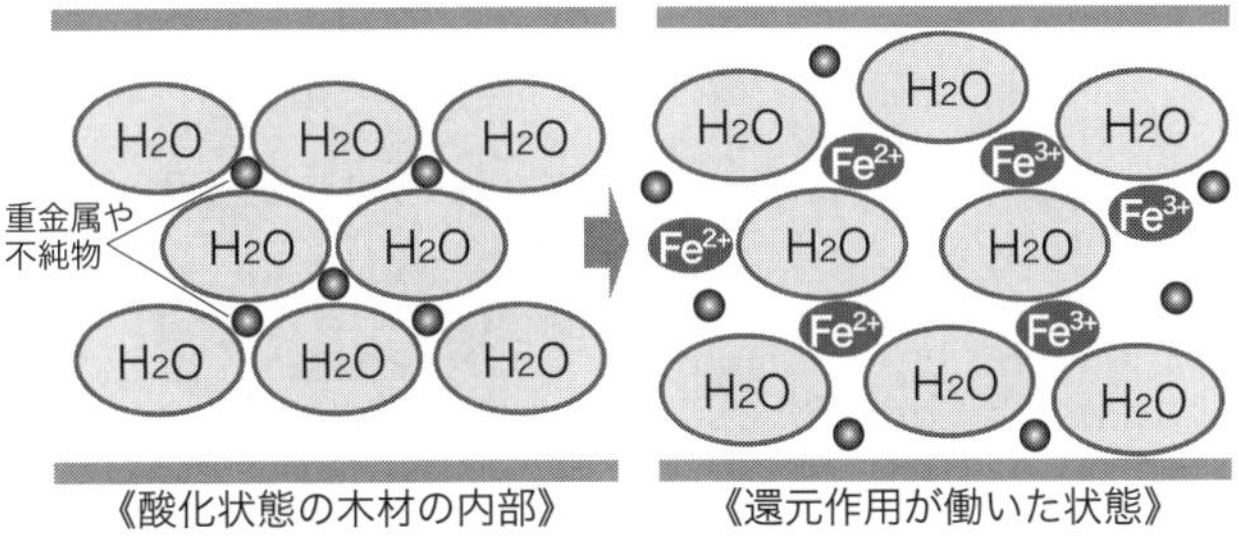

図３　FFC加工による木材内部の変化

　ふつうの木材が免疫木材化する原理は次のように説明できます。

　生木はその50%が水分であり、材木に加工されたあとも、12〜15%の水分が結合水として残ります。免疫木材は、ふつうの木材にＦＦＣ処理を施すことによって、特殊な鉄分（2価鉄・3価鉄）を含んだ水を、含有率15%以下の条件で木材に含浸《がんしん》させたものです。そうすると、木材に含まれている水の分子に大きな作用を及ぼします。酸性雨や汚染された大気、土壌に影響された木材では、酸化して水の分子がくっついています。その結合部分に重金属や不純物が含まれています。その水の分子結合に2価鉄や3価鉄が含浸すると水の分子がバラバラになり、その結果、重金属や汚染物質を除いてしまうということです（図3参照）。

　つまり、エネルギーというものを使わずに、木材本来の働きができるように蘇生させる機能、還元作用があるというこ

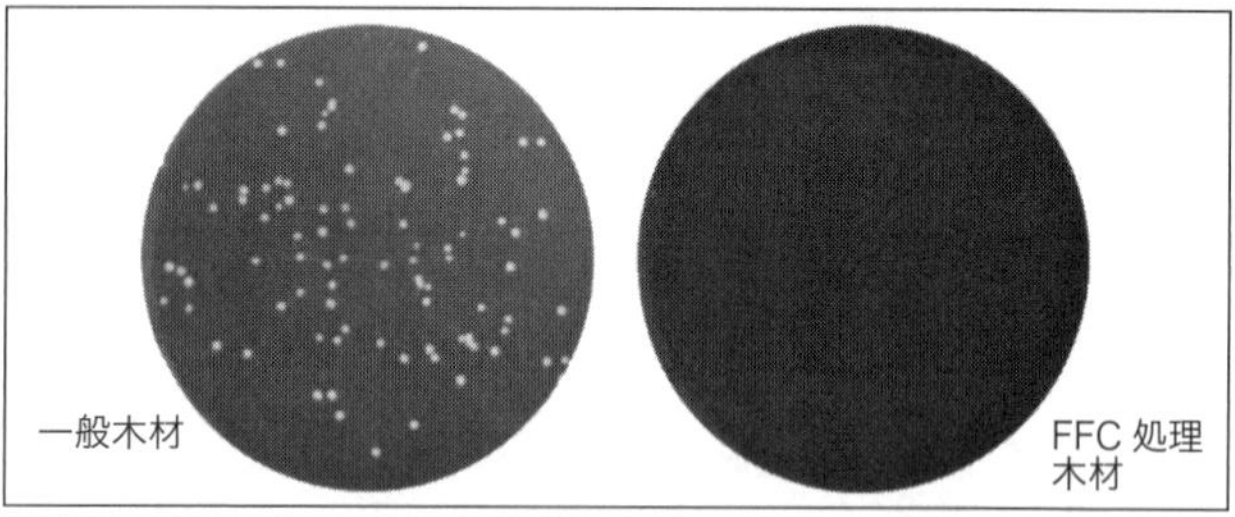

写真３　悪玉菌（ブドウ球菌）測定

【25℃・24時間経過後】
一般木材に着床した菌は増殖し、FFC処理木材に着床した菌は消滅した。

とです。一般木材と免疫木材の違いはどこにあるかといえば、含まれる水の質が違っているということです。種を明かしてしまえば、それだけのことですが、こうしてできた免疫木材は、驚くような効用を発揮するようになります。

それがどんなものか、以下に、大学など複数の研究機関で行った実験の成果を踏まえて簡単に説明してみましょう。

現在使われている建材には、抗菌加工したものがたくさんありますが、化学薬品の力に頼ったものがほとんどです。免疫木材は、薬品ではなく水を使います。果たして水だけで、どれだけ抗菌力を発揮できるか。それを一般木材と比較しながら、科学的に確かめようとしたのが、私たちの行った実験です。

サンプルには乳酸菌とブドウ球菌を選び、摂氏25度、24時間放置して木材がどうなるかを見ました。結果はどうだったかというと、一般木材に着床したブドウ球菌は増殖

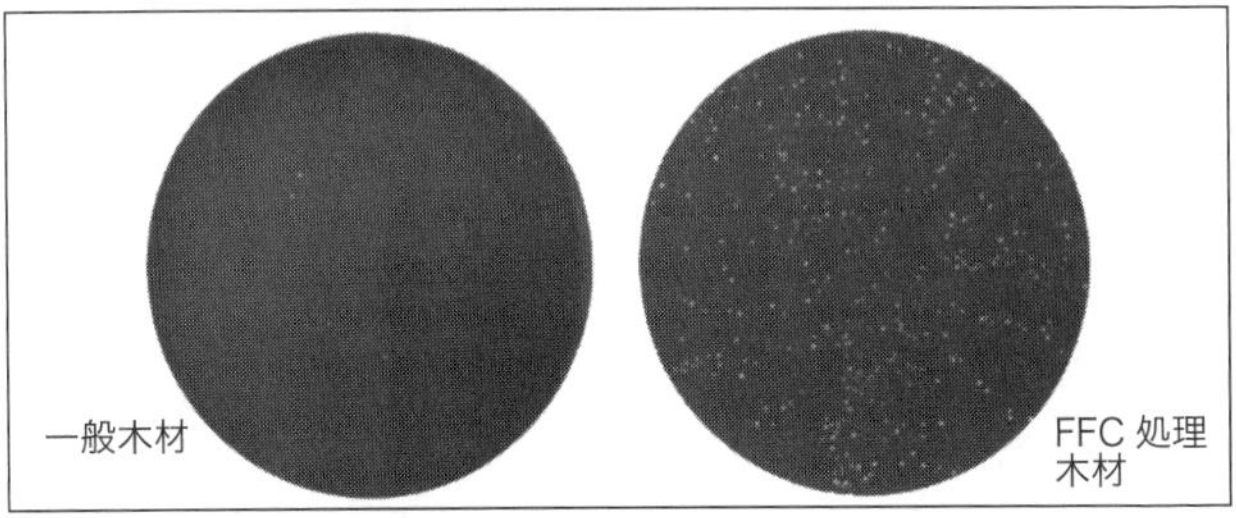

写真４　善玉菌（乳酸菌）測定

【25℃・24時間経過後】
一般木材に着床した菌は激減し、FFC処理木材に着床した菌は増殖した。

しました（写真３参照）。

ブドウ球菌は病原性の悪玉菌ですから、こういう菌が容易に増殖するのは好ましいことではありません。でも、最近の一般木材は悪玉菌が増殖しやすい。それだけ木そのものが弱っているのです。

これに対してＦＦＣ処理した免疫木材はどうだったでしょうか。実験結果の写真のように、着床したブドウ球菌は消滅しています。免疫木材は悪玉のブドウ球菌の増殖を許さない機能をもっています。

では善玉の乳酸菌のほうはどうか。一般木材に着床した乳酸菌は激減し、免疫木材に着床した乳酸菌は増殖していました（写真４参照）。

ブドウ球菌のときとまったく逆の結果です。ここからわかるのは、一般木材では悪玉菌がふえやすく、善玉菌がふえにくい。免疫木材では善玉菌が増殖しやすく、悪玉菌は

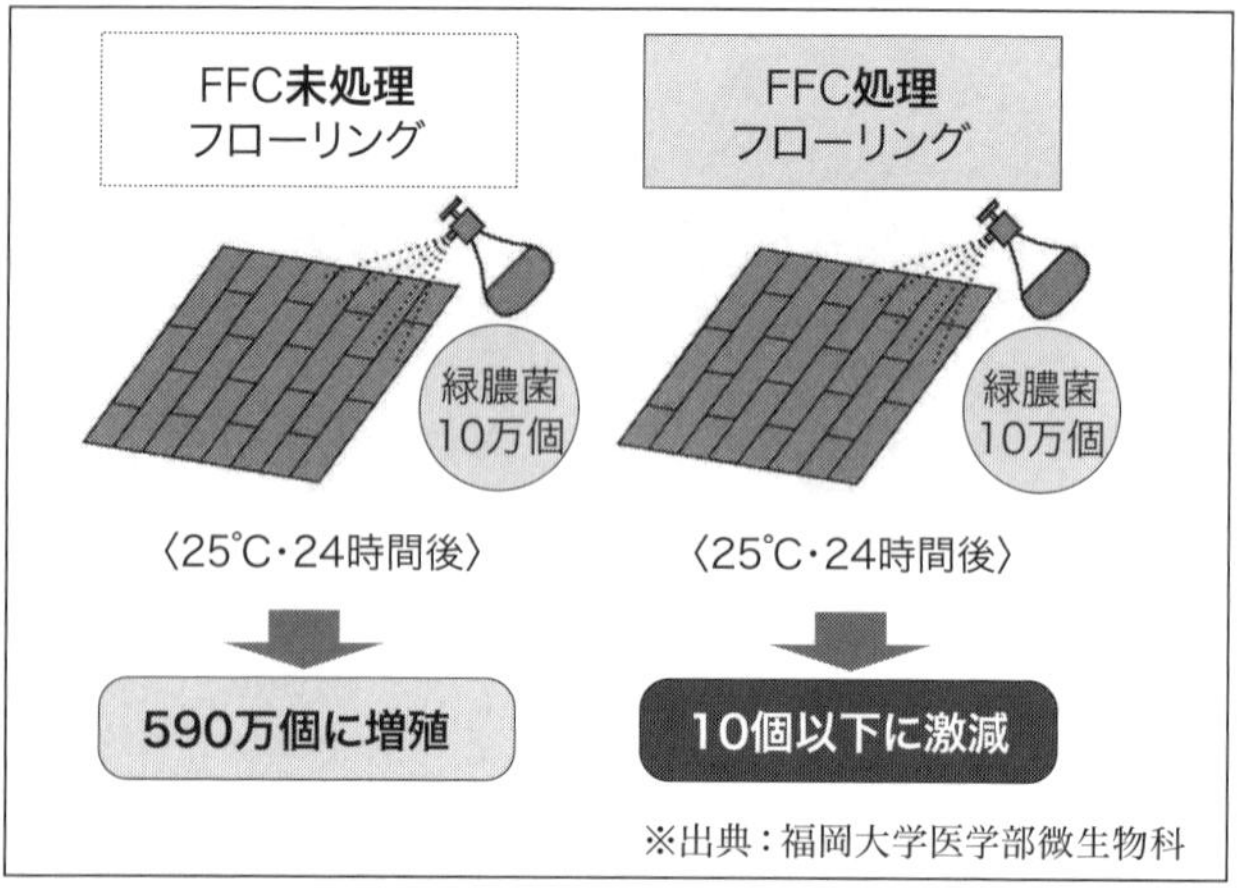

図４　緑膿菌の測定結果

増殖しにくいということです。

しかし、免疫木材も元をたどれば、一般木材と同じ育ち方をした生木からつくられたもの。にもかかわらず実験に現れた正反対の結果はどこから来るのでしょうか。たったひとつの違いといえば、ＦＦＣ処理をしたことだけです。

両者の違いは「ＦＦＣ処理によって生じた」と推測できます。つまり、一般木材にＦＦＣ処理を施すと、悪玉菌の増殖をふせぎ、善玉菌をふやす能力を木材が身に付けるようになるということです。

福岡大学医学部微生物科ではいろいろな実験をしていただきましたが、たとえば、床ずれなどを引き起こす緑膿菌の実験では、10万個の緑膿菌をボードに振りかけ、24時間後の増殖数を比べると、一般木材では５９０万個増殖しているのに対して、ＦＦＣ加工されたボード上では、わずか10個しかなかったのです（図４参照）。

この結果には、黒岩中教授をはじめ研究室のメンバーみなさんが驚いておられました。

カビの生えやすい室内環境を改善

以上の実験は細菌を対象にしたものですが、カビについても同様の実験を行っています。カビについては、木材ではなくビニールクロスを使いました。

ビニールクロスは、いまや内装材の中心的存在です。それに含まれる化学物質の危険性については、専門家だけでなく、住宅にかかわる人たちの多くが指摘していることです。それでも内装材として使われているのは、便利で加工しやすく、多様なデザインを選ぶことができるからです。プレハブメーカーや工務店から「国の基準をクリアしたものです」といわれれば安心だと思ってしまいます。

ともかく、住宅建築でいまなお主流的に使われている内装材で実験してみました。

環境条件は「摂氏25度、24時間放置」と一般細菌と同じです。結果を見ると、一般ビニールクロスに着床したカビはすぐ増殖、ＦＦＣ処理したビニールクロスに着床したカビは増

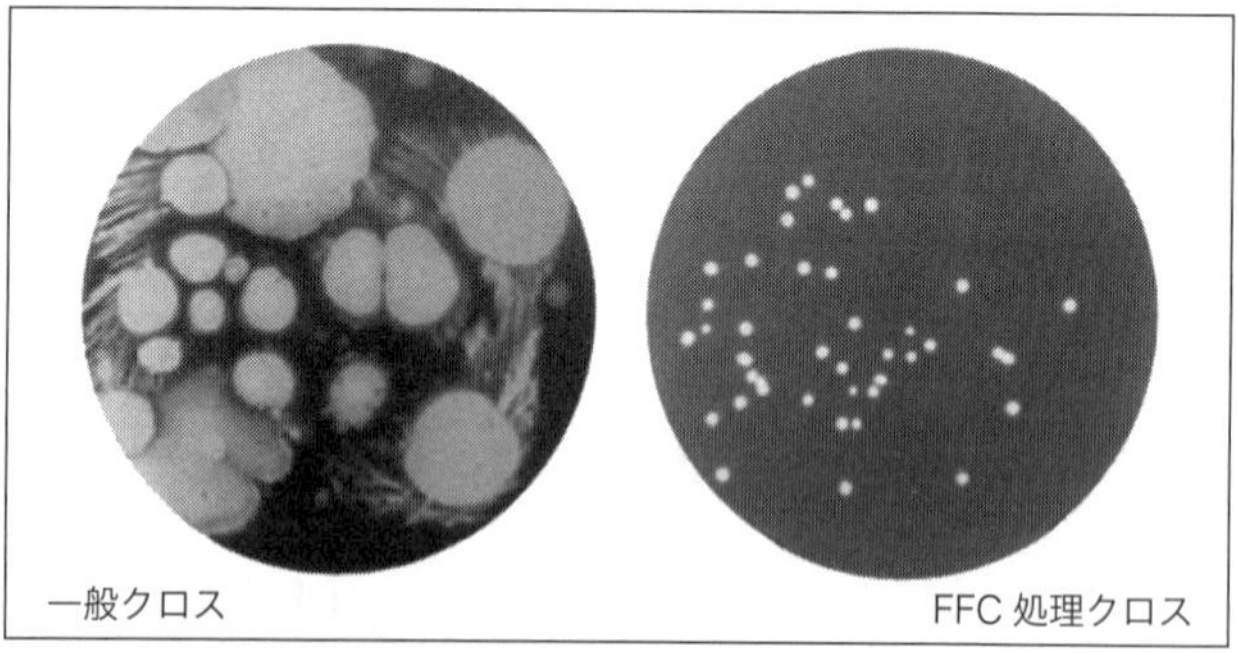

写真５　雑菌（カビ菌）の測定結果

【25℃・24時間経過後】
一般クロスに着床した雑菌のなかで特にカビ菌は増殖し（左）、FFC処理クロスに着床した雑菌中のカビ菌は増殖が抑制された（右）。
（実験実施機関：福岡大学医学部）

殖が抑制されました（写真5参照）。

ＦＦＣ処理をした木材やビニールクロスは、人間に有益な菌類を増殖させると同時に、有害な菌類は繁殖を阻害することがわかります。逆に一般木材やビニールクロスは、有害な菌類のほうを増殖させてしまいます。

木材でもビニールクロスでも、一般家庭でふつうに使われているものは、カビが生えやすいし、有害菌も繁殖しやすい。雨降りが続いたりすると、テーブルクロスや柱や壁などにカビが生えるのはそのためです。

それでは困るので、抗菌加工に頼らざるを得ない。だが、前にも申し上げたように抗菌加工は、善玉・悪玉の区別なくやっつけてしまう欠陥があるので、その場はカビを撃退したようで、またすぐに生えてきます。

たとえば段ボールごとミカンを1箱買います。1箱に15キロくらいのミカンが入っています。一度に食べきれないので保存しておくと、段ボール箱の底の隅っこにあるミカンに真っ青なカビが生えているのをよく目にすると思います。その青くカビが生えたまわりのミカンがぶよぶよに膨らんでいる。これは、カビの胞子から出るガスでミカンの皮の細胞が壊れたからです。室内のさまざまな物や場所にカビの胞子が着床していて、温度と湿度がよければ増殖を始めます。常に床で寝ている乳幼児がこのような環境で育てられるのはこわいものです。

もうひとつ、カビの繁殖で困るのは、子どものアレルギー性疾患などの原因になるダニのエサになることです。カビの多い環境は、ダニをふやす環境でもあります。

そこで問題になってくるのは、カビ対策をどうするかですが、よくとられるのが換気という方法です。カビは高温多湿を好むので、部屋の換気を頻繁に行って、多湿という条件をつくらないようにすることです。

でも、これには限度があります。家庭には水場もあるし、カビの生えない条件を維持するのはむずかしい。ちょっと油断すると、水場はすぐにカビが出る。手っ取り早くやっつけようと、殺菌剤や抗菌加工に頼ることになってしまいます。

ひたすらカビを「生えさせないようにする」のが抗菌仕様商品。でも、これはイタチゴッコで、長い目で見たら人間のほうが負けます。また、カビのなかにも有益なものもあるのですから、上手に共存を考えたほうがいい。室内の乳酸菌（善玉菌）が増殖することでカビ（真菌：悪玉菌系）の増殖を妨げることが研究などで確認されています。

そのためには化学薬品でやっつけるのではなく、有益な菌は殺さないような環境を家の中につくるしかありません。

健全に育ったむかしの木にはそれができました。しかし残念ながらいまの木にはそれができなくなっています。だが、免疫木材ならそれができる。これまでの実験結果からわかったのはそういうことです。

部屋にいるだけで免疫力が強化される

いまの住環境は住む人の健康を損ねることが少なくありません。だが、免疫木材を使った住宅では、逆に免疫力を強化することができるかもしれない。そんな研究データもあります。

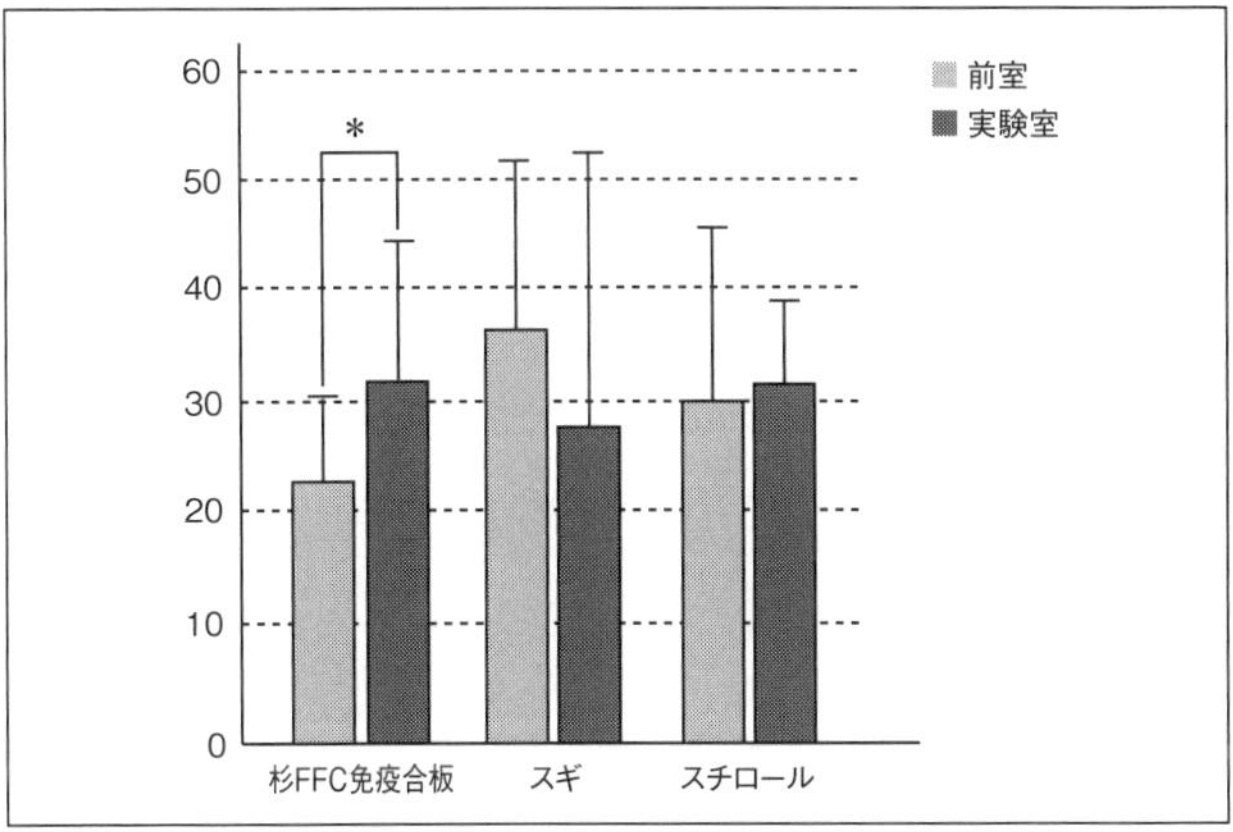

図５　s-IgA 濃度測定結果（平均値＋標準偏差　＊Ｐ＜0.05）
前室と実験室で、各条件において被験者間で対応のある検定を行ったところ、FFC において有意に高い値を示した。
（九州大学芸術工学部との共同研究結果から抜粋）

図５を見てください。免疫合板を使って行った実験結果ですが、これを見るとＦＦＣ処理した合板では、免疫活動の指標であるｓ―ＩｇＡ濃度を有意に増加させていることがわかります。

ＦＦＣ処理した木材は、生体に何らかの刺激を与え、生体防御系、特に免疫系に有益な働きかけをしています。このことは、免疫木材の部屋では自律神経系、副腎髄質の活動が亢進《こうしん》され免疫機能を高める、と推測されます。

自律神経系や副腎髄質の活動が亢進されると、副腎髄質からアドレナリン、ノルアドレナリンなどのカテコールアミンがリンパ球に作用し、免疫力を高めることが知られています。

人の身体には、外敵から身を守る自己防衛力が備わっています。たとえばウイルスなどが侵入すると、それが身体の中でふえ続けないように必死に防御しようとします。このとき体は侵入者（抗原）に対する抗体をつくって排除します。

身体に抵抗力があれば、外敵が体内に侵入しても健康体を保っていられます。その能力は驚くべきもので、身体はどんな侵入者があるかをあらかじめ予知して、対応できる仕組みになっているのです。

最近明らかにされた遺伝子工学の研究によれば、ヒトの体では抗体をつくる遺伝情報を部品に分けて蓄えておき、抗原が侵入してくると、その部品を巧妙に組み立て、約２０００万種類の抗体をつくる能力をもっているといいます。ただし、こういったすばらしい身体の仕組みを正常に機能させるためには健康体であることが必須条件になります。

ところが、最近の私たちの暮らし方は、免疫力を低下させる方向へ傾きかけています。

住環境もそのひとつです。カビを発生させやすい家づくりをして、ＶＯＣで部屋の空気を悪化させる。ダニを増殖させてアトピーや喘息を発生させやすい環境をつくる。それではいけないと抗菌グッズを用いる。こういう対応は悪循環をまねくだけです。

悪循環に陥ると、免疫力が低下して、さまざまな病気になりやすい。近年、子どもの４割以上がアトピーや喘息を抱え、また、成人ががんなどの病気になりやすいのは、免疫力が低下しているからといいます。

「現代文明は人間がバイキンと戦うために培った免疫システムを自ら弱めているのです。細胞自体、バイキンで出来ているのですから、除菌すれば病気になりやすくなるんです」

この言葉は、前出の東京医科歯科大学名誉教授・藤田紘一郎さんの『病気に強い人、弱い人』（幻冬社）によるものです。

免疫力の80％以上は腸と腸内菌の働きによるといわれています。私たちの腸内には約1千種類、１００兆個の細菌がいて、それが健康を保つための働きをしています。腸内細菌の良し悪しは摂取する食品によると考えられていますが、じつは毎日摂取する空気の質に左右されることが大きいのです。この点を見落とさないことです。

カビ退治も大切ですが、カビをなくすことだけ考えて、部屋中に薬品をふりまくのは危険きわまりない。いまはそういうことが多くの家庭で日常的に起きています。

住宅内では、内装材であるビニールクロスやカーテンなども抗菌加工されています。何のために抗菌加工したかといえば、カビとか細菌を抑えるためです。でも腸にしろ、皮膚にしろ、人の根本的健康というのは、善玉常在菌で守られているわけですから、見さかいなくカビや細菌を敵視してやっつけるのは、人にも害を及ぼすことになるのです。

外気より室内のほうがマイナスイオンが多い

免疫住宅はもうひとつ大きなメリットがあります。これも学術的な研究から明らかになりました。それは「マイナスイオンがふえる」ということです。

この事実はひょんなことから発見されました。

免疫木材を扱ってくれている代理店が、沖縄に「免疫住宅〈イムウッド・ハウス〉」を建てました。沖縄は海に囲まれ高温多湿な地域です。こういう地域に建てた免疫住宅の室内環境はどうなるか。その研究を琉球大学にお願いしたのです。

研究は現在も続けられていますが、一部のデータが上がってきました。それによると、ＦＦＣ加工した家では室内のマイナスイオン量が非常に多い。外気のマイナスイオンより多い、というのです。このデータにはちょっと驚かされました。

沖縄は自然に恵まれた地域ですから、東京、大阪、福岡といった大都会と比べれば、外気のマイナスイオンがはるかに豊富なはずです。それでも、室内のほうが外気よりマイナスイオンが多く測定されるのは意外でした。

琉球大学の研究室も「そんなはずはない」と何度も条件を変えて測定したそうですが、それでも測定されたマイナスイオン量は、外気の２倍もあったというのです。

イオンというのは物質が帯電した状態のことをいいますから、空気中のさまざまな浮遊物質が帯電すれば、プラスかマイナスのどちらかになります。空気中には目に見えない浮遊物がいっぱいあります。カビの胞子やバクテリアもそうです。

これらはプラスイオンの発生原因といわれています。これを中和して消滅させる物質がマイナスイオンで、そのマイナスイオンのひとつが、空気中の水蒸気が帯電したもの。つまり、水の粒子がマイナスに帯電した状態で存在しているわけです。

現代の住宅は気密性が高く、室内で発生したチリ、ホコリ、カビ、ダニや花粉、ウイルス、タバコの煙など有害物質が留まりやすい。これらはプラスイオン化する傾向が強く、そのことが人々の健康をむしばむ一因になっているといわれています。

一方、マイナスイオンは滝つぼや渓流、海岸、雨上がりの森に多いことからもわかるように、水分子が激しくぶつかってはじけるときに発生し、プラスに帯電したカビの胞子やバクテリアと結びついて消滅させる働きがあります。

マイナスイオンと健康効果の関係が注目されて、研究が進んでいますが、免疫住宅に暮らすようになると、呼吸しやすくなったり、気管支の弱い人たちが改善することが多いのは、マイナスイオンの効果があるのだと思います。

また、マイナスイオンには、ヒトの自律神経を正常にし、アルファ波を増幅する働きのあることが確かめられています。快適で健康な生活を送るためには、マイナスイオンの多い環境に身をおくことが望ましいとされています。

免疫住宅はそれを実現してくれます。FFC処理した免疫木材を使った住空間は、自然界の森のような自然環境を、部屋のなかに再現してくれるのです。

「FFCで処理された建材は、データから判断しても、古代の森を再現するような建材であり、まさに生きているといえるでしょう。そのような建材で建てられた家はヒトの免疫力をも上昇させるというデータが確認されています」(福岡大学医学部微生物学免疫学教室・黒岩中教授の話)

最近、マイナスイオンの効用が注目され、マイナスイオンを発生させる装置まで登場しています。でも、家そのものがマイナスイオンを豊富に発生させるというものは免疫住宅のほかにありません。

室内のマイナスイオンが外気の倍あるというのは信じがたい話ですが、琉球大学の実験では、天気のいい日に何度も条件を変えてやっても同じ結果が出ています。研究がまだ続行中なので、これ以上詳しいことはいえませんが、どんな報告が最終的に上がってくるか、私もとても楽しみにしているところです。

花粉症、小児喘息、アトピーにならないために

家庭内には、黄色ブドウ球菌はじめ、多種類の有害な病原性細菌やカビが生息しています。それらは私たちの身体につねに付着し、口や鼻をはじめいろいろな器官を通じて体内にも侵入してきています。

こうした細菌への私たちの反応には、大きな個人差があります。免疫力の高い人は少しも困らない。身体の免疫機構がぜんぶやっつけてくれるからです。だが赤ちゃんやお年寄り、あるいはアレルギー、アトピーの症状をもった家族が生活する住空間で悪玉菌をはびこらせていては、健康は保てません。

特にアトピー性皮膚炎では、黄色ブドウ球菌が症状をより悪化させるといわれています。アトピー性皮膚炎の患者さんが、黄色ブドウ球菌に弱いことは知られていましたが、なぜ

症状が悪化するかがよくわからなかったようです。

後にそれは、兵庫医科大学の中西憲司教授（免疫学）らの研究で明らかにされました。アトピー性皮膚炎の患部に、ある種のたんぱく質が多量に分泌することが原因だったそうです。黄色ブドウ球菌などはふつうにある菌なので、アトピー対策は、そういう菌を繁殖させないこと以外に手がありません。

生活空間にはいろんな菌が存在しています。それでも一定量以上に繁殖しなければ、その影響力は発揮できない。だが、いまは除菌、除菌で「バイキンはやっつける」と考える人が多いので、かえって悪玉菌を必要以上に増殖させてしまっています。

その結果、家庭内の空気環境は悪化する一方です。そうやって免疫力まで低下させて病気体質になっているのです。

要するに現代人の過度な「キレイ好き」が裏目に出ているのです。暮らしの環境を清潔にすればするほど、アレルギーや喘息などがふえるのは皮肉なことですが、現実はそういう事態になっているのです。

いちばんの皮肉は花粉症といえるでしょう。花粉症は私たちの免疫システムの叛乱によって起きる病気といわれています。

花粉症になると、鼻水やくしゃみ、涙目などさまざまな症状が起きてきますが、この症状を引き起こしているのは免疫システムです。もともと寄生虫をやっつけるために用意されていた体内の免疫システムが、寄生虫がほとんどいない世の中になってしまったために、スギ花粉などに対して反応してしまう。それが花粉症だといいます。その証拠に、いまだに寄生虫の多い発展途上国では花粉症は起きていないのです。

また、アレルギー症状も、カビをエサに繁殖したダニの糞や死骸から起こることが多い。ではどうしたらいいか――。最良の対策は免疫力を高めることです。免疫力がしっかりしていれば、どんな細菌やカビ、あるいはウイルスの攻撃を受けても、それに負けることはないのです。免疫力を高めるには、ちゃんと栄養の整った食事をするとか、適度な運動をすること、ストレスに振りまわされないなど、基本的な健康法を実行することはもちろんですが、自宅の空気環境にまで気を配る人は多くありません。

実際はそれがいちばんの問題なのです。考えてもみてください。第１章で申し上げたように、人が一生で最も多く身体のなかに取り入れるものは空気です。それも自宅で吸う空気がいちばん多い。その空気環境を悪化させておいて、ほかに対策をやってみたところで、よい結果が出るはずがありません。

この点で免疫木材の登場は朗報といえます。もともとあった自然界の安定した好環境を部屋の中に再現することができるからです。

驚くべき細胞の活性作用

FFCに関するさまざまな研究のなかで、最近の千葉大学医学部での実験結果を述べないわけにはいきません。これは、免疫木材が細胞の活性化にどう影響していくかを比較実験したものです。

実験のひとつめは、まず、ふたつのシャーレに同じマウスの培養色素細胞を入れます（写真6）。ひとつめのシャーレには無処理の木片を上下に置きます（A）。ふたつめは、同じくシャーレの上下に免疫木材の木片を置きました（B）。1週間〜2週間経過して、シャーレの中の細胞数を見ると、BはAに比べて細胞数が2倍にふえていました。

実験は、同じ方法で、ヒトの培養角質細胞、ヒトの培養繊維芽細胞についても行いました（図6参照）。そして、またしてもマウスの培養色素細胞の結果と同じく、免疫木材の木片を置いたものが無処理のものに比べて倍増していたのです。

これはふたつのことを意味しています。ひとつは、免疫木材はマウスやヒトの細胞を活

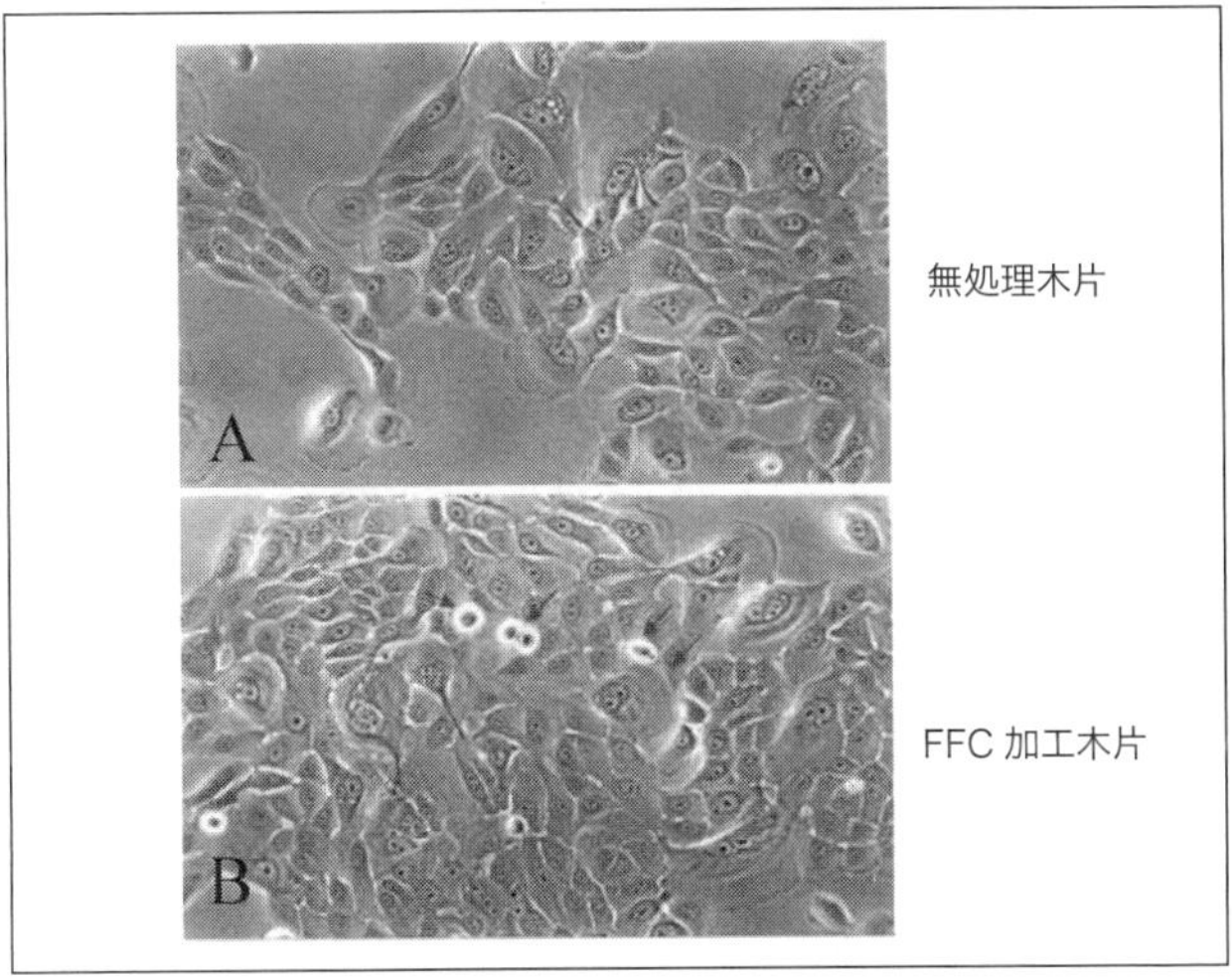

写真6　マウスの培養色素細胞への FFC の効果

FFC 木片は、無処理木片に比べ、培養細胞数を 2 倍にふやした。
（実験実施機関：千葉大学放射線医学総合研究所）

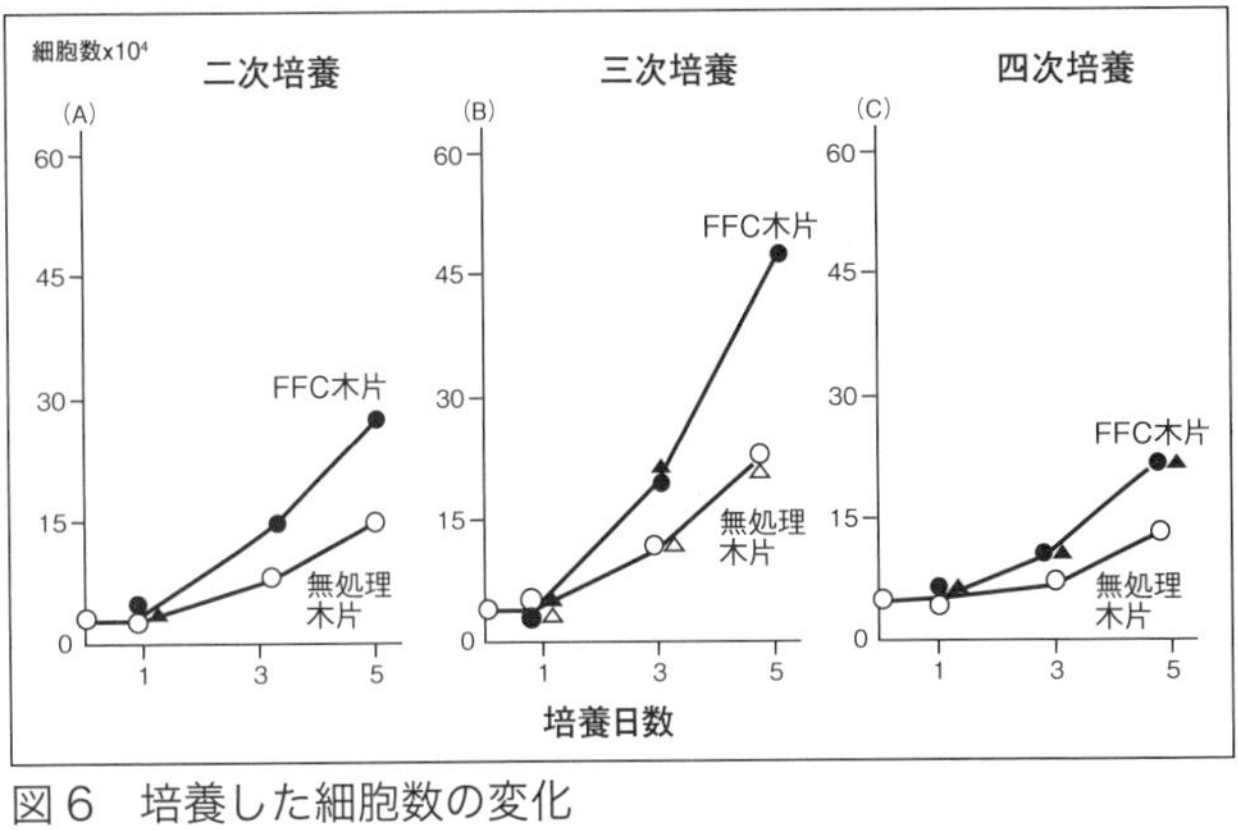

図6　培養した細胞数の変化

FFC 処理木片は、ヒトの角質細胞を活性化したが、無処理木片は活性化しなかった。　（実験実施機関：千葉大学放射線医学総合研究所）

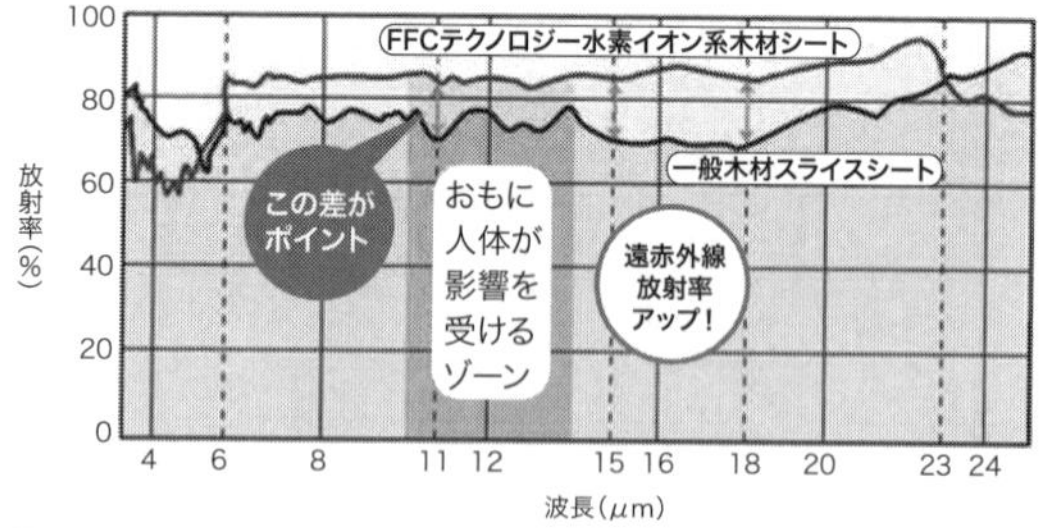

試料名	表面温度（℃）	積分放射率（%）
FFC免疫加工	46.1	**84.5**
一般木材スライスシート	43.3	74.8

FFC免疫加工された材料は、遠赤外線放射率が上昇し、冬は暖かく、夏はさわやかな住空間を体感することができる。

図7　FFCによる遠赤外線効果

性化させる働きがあるということ。もうひとつは、シャーレの上下というところにあっても（下のほうはシャーレのガラスを隔てている）、何らかの影響を及ぼす力があるということです。

細胞が活性化して増殖すれば、身体機能が活性化され、たとえば皮膚などが蘇生しやすくなると考えられるのです。千葉大学での実験は、免疫木材の医療への可能性を示唆するものとして大いに注目されるべきものです。

遠赤外線効果もあった

人の体は10ミクロン前後の波長しか吸収できません。また、その効果は10ミクロン前後で安定していないと人は体感できないとされています。

建材や家具などにＦＦＣ加工した空間では、効果的な波長が安定して働き、冬は暖かく、夏はさわやかな体感を得ることができます。こうした遠赤外線効果があるのもＦＦＣの特長なのです。

子どもが長時間勉強するようになった

これまでの研究成果をふまえて、私たちはそのことに自信をもっています。たとえばこういう話がありました。

関東地区でのことですが、ある家で子ども部屋だけを免疫木材で改築してみたのです。そうしたら、子どもが部屋から出てこなくなりました。居心地がよくて、部屋から出たくなくなってしまったんですね。それまでは新建材でつくられていました。新建材だと、どうしても化学物質の悪影響が出てきます。そのことをはっきり意識しなくても、子どもは何となく部屋にいたくない気持ちになる。そんな部屋に子どもを入れておいて「さあ、勉強しなさい」といっても、酷なことだと思います。

これと同じことは、家具を置くことでも可能です。たとえばいまのキッチンを免疫加工

写真7　FFC 医療家具

したものに取り替える。それだけでも細菌の世界では大きな変化が起きてきます。

細菌類にいちばん神経を使うところは病院です。ＭＲＳＡ（多くの抗生物質に耐性をもつ黄色ブドウ球菌）などによる院内感染が発生すると、免疫力が低下している病人に瞬く間に広がります。医師や看護師にも感染のおそれがあり、とてもおそろしいことになります。

そうしたことから、現在、医療家具のＦＦＣ処理化について病院や医療家具メーカーから問い合わせが頻繁にくるようになりました。ＦＦＣ加工の有効性が証明されたことにより、医療関係者に大いに注目されているのです。東京大学医科付属病院、国立がんセンター、東京北社会保険病院、神戸中央病院など、「免疫医療家具」はすでに1万床を超えるまでになっています。

また、老人介護施設などに免疫木材やＦＦＣ医療家具を使うと、老人臭が大幅に軽減されることがわかり、こういった施設からも問い合わせが毎日のようにあります。このほか、幼稚園や学校、高速道路のサービスエリアにも広がっています。

本章で紹介したＦＦＣ免疫木材、免疫住宅の主な効果を整理すると、次ページのようになります。

《免疫住宅の主な効果》

◆第１の効果

FFC 免疫加工はすべての化学物質を加工工程の段階で分解揮発させ、安心安全な素材として仕上げることができる。

◆第２の効果

FFC は効果的な波長が安定しているため遠赤外線効果があり、冬は暖かく、夏はさわやかな体感を得ることができる。

◆第３の効果

FFC 免疫加工された内装材や家具からはマイナスイオンの発生が活発になり（２倍）、居室内の空気環境が改善される。

◆第４の効果

善玉菌がふえ、悪玉菌が消滅する（FFC 加工すると、10 万個の緑膿菌が 24 時間後に 10 個以下に）。カビや大腸菌もこの実験で同じ結果を示している。

◆第５の効果

免疫住宅での生活は細胞が活性化し、肌がきれいになっていく。

プラスチックや金属もＦＦＣ加工できる

最近はエコ建材というのも出現していますが、新建材に比べれば割高です。また効果のほどもはっきりしない。ＦＦＣ処理の場合は、新建材でも免疫木材化することが可能ですから、計算してみればエコ建材でリフォームするよりも安上がりになるかもしれません。

それにエコ建材でリフォームしても、バスタブやキッチンまでエコ化することはできません。ＦＦＣ処理はどんな設備や資材にでもできますから、エコ建材でリフォームするよりも、新建材を免疫木材化し、ついでに住宅設備も免疫化したほうがはるかにお得です。

でも、この点には疑問をもつ方もおられることでしょう。ＦＦＣテクノロジーによる免疫加工というのは、木材に特殊な水を浸潤させるということで、木製以外のものはダメと受け取られがちです。しかし、そんなことはありません。

家の構造材料はもとより、すべてのものにＦＦＣ処理が可能です。バスタブとかキッチン設備、ビニールクロス、カーテン、家具類、何でもできます。素材が金属やプラスチックでも免疫加工ができるのです。

このことは２００５年7月に名古屋で開かれた「ＦＦＣ国際フォーラム」で、米ハーバード大学の研究者から、そのものズバリの研究結果が報告されました。

金属やプラスチックでもＦＦＣ処理が有効なのは、たとえば、金属表面は見た目はつるつるしていますが、電子顕微鏡で見ると表面は微細な凹凸が刻み込まれています。その超微細な凹凸の隙間に微生物が棲みつくのです。それが有害菌であればわるい影響を及ぼします。実際に一般家庭のキッチンではそういうことが起きていますが、ＦＦＣ処理をするとそこに棲む微生物が善玉菌優勢の世界になり､悪玉菌の害から免れるようになるのです。

ビニール素材やプラスチックは金属以上に微生物が棲みつきやすい環境になっています。したがって、ＦＦＣ処理はより有効になります。つまり木材で起きているよい影響は金属でもプラスチック素材でも起きてくるということです。ハーバード大学の研究報告の内容では、ＦＦＣの環境においては、有害菌が増殖する時点で出す粘着物がくっつきにくいことが発表されました。

この研究報告に力を得て、私もいろいろ試してみましたが、ほとんど例外なく好結果が確認されています。九州の工務店さんのなかには、使う木材だけでなく、ユニットバスやシステムキッチンなどにもＦＦＣ加工するところがふえています。

第5章

家は「第2の胎内環境」だった

リフォームでも免疫住宅はつくれる

家は一生の買い物、何回も買い換えるわけではありません。マイホームをおもちの方は「自分は一生この家に住むしかないのだから、いまさら免疫住宅ができたからといわれても……どうしようもない」とあきらめるかもしれません。

でも、戦後に建てられた日本の住宅は長くて30年くらいしかもたない。それも20年前後で一定の手入れをしての話です。そのため、最近ではリフォームをする人も少なくありません。

ところが、リフォームしたことで、かえってシックハウスの家に住むはめに……という人もいます。また、リフォームには怪しげな建築業者が跋扈《ばっこ》する例も後を絶たないため、二の足を踏んでいる方もおられることでしょう。

そういう方たちに私は申し上げたい。たとえ小規模なリフォームでも、私たちが展開している免疫住宅にすることは可能です。

なぜそれが可能なのかを次に説明しましょう。

たとえば、あなたが築25年のマイホームをリフォームしようとします。

そのとき、リフォーム後の家を「免疫住宅にしたい」と思われるなら、たったひとつだけ条件があります。それは使用木材を私どものところへもってきていただき、免疫加工することです。

現在、免疫加工（ＦＦＣ処理）ができるのは、株式会社ウッドサークルの本社（福岡県大川市）と２０１１年10月にオープンした関東工場（千葉市若葉区）です。

たとえば、建坪35坪の家をリフォームするとしたら、使う建築資材一切をトラックで運んできてもらって加工します。加工費用はＦＦＣ処理費用と、あとは運賃です。関東工場ができたことで、九州圏内だけでなく、関東や東北、東海、北陸地区でも低価格で加工できる体制が整いました。

ＦＦＣの処理法はとても合理的に設計されています。運んできたものはすべて梱包のままでいいのです。梱包の荷物をほどかないで、そのままＦＦＣ処理します。開発当初から「梱包したまま加工できる処理技術を開発しよう」と計画し、それを実現したからです。

おかげでＦＦＣ処理コストが安くつくようになりました。この仕事を始めて14年経ちますが、いままでに新築・リフォーム合わせて約２万棟の住宅をＦＦＣ加工した実績をもっています。２０１１年度は新築だけで３０００棟にせまる勢いで伸びてきています。

リフォームというと、家のあちこちが傷んできたという理由が真っ先にありましたが、最近は「家族の健康のことを考えて」という動機でする方がふえています。

株式会社ウッドサークルでは、ＦＦＣ処理を施した建材もつくっています。免疫住宅用の建材としてフローリング材、腰板材、壁板材などがあります。いずれもＦＦＣ処理した木材を使用したものです。これらの建材を使ってリフォームすれば、住まいを完璧な免疫住宅にすることができるはずです。

なお、免疫住宅を扱う加盟代理店は、全国の工務店・ビルダー中心に約３００社ありますので、そこを通じて申し込んでください（代理店のお問い合わせは巻末資料参照）。

マンション住まいにも有効

耐震偽装騒ぎ以降の建築基準法の改正や、米国から発したサブプライム問題の影響でやや落ち込んだものの、高層マンションは一貫して高い人気を呼んでいます。

高層マンションが高い階から売れていくことはよく知られています。しかし、住環境から見ると、高層マンションほど問題が多いようです。

住宅環境問題に詳しい東海大学医学部講師の逢坂文夫さんの著書『長男・長女はなぜ神

経質でアレルギーなのか』（講談社）という本によれば、「いまアレルギーをもつ子どもの４割は、マンションの５階以上に住んでいる」といいます。

また、「10階以上に住む妊婦の約４割が流産する」とも。マンションの高層階へ行けば行くほど健康によくない。読者のみなさんはどうしてだと思われますか。それは想像以上にカビ、ダニの被害を被るようになるからです。

高層階になると換気回数が減ります。高層階であればあるほど強風になり、そのため窓をあまり開閉しないようにしてしまいます。マンションですから気密性も高く、見た目は清潔ですが、じつはカビ、ダニの温床になりやすい家屋構造になってしまっているのです。

しかも新建材を多く使用しているので、シックハウスになりやすい。当然、いろんな抗菌グッズも使われることになります。つまり、高層住宅に住むほど、これまで私が指摘してきたような、現代の住環境がもつ「不健全性」が集約された暮らし方になってしまうのです。この問題を解決する方法は残念ながら見当たりません。

では、高層階のマンション住まいでなければいいのかというと、プレハブ住宅やコンクリートでつくった住宅は、使用建材、気密性などの点で、高層マンションと変わらない問題を抱えています。

マンション、一戸建てにかかわらず、いまの住宅は容易に解決できない問題を抱えています。その最大の問題は、木材そのものが病んでいることです。いまの樹木が病んでいることは前述したとおりですが、その樹木を材木にして家を建てれば、家全体が病んだものになるのは当然です。

むかしの家に比べていまの家が不健康な理由は新建材の問題もありますが、木そのものが弱くなって病んでいることも大きな原因です。この事実を軽く見てはなりません。高層マンションでもプレハブ住宅でも、木材はふんだんに使われているからです。

免疫木材は樹能を蘇らせる

健全な育ち方をした樹木で建てられた家は、樹木が本来もつ「樹能」をしっかりと発揮してくれます。部屋の温度、湿度を調節し、わるい細菌やカビをはびこらせない機能というものが初めからあって、住む人たちの健康を守ってくれます。

森の中に行くと元気が出るのは、樹木が本来もつ樹能が発揮され、よい環境をつくっているからです。もちろん森の中にもわるい環境の場所もあります。その悪環境が拡大すれば、森全体が病んでくる。でも健全な森は自浄能力によって、わるい環境を拡大させない。

家もこの森がもっているのと同じ自浄能力をもつ必要があります。

どんなに配慮しても、家の中にはわるい環境ができてきます。それは仕方がない。私たちの空気環境は細菌やウイルスの住処でもあるからです。彼らは一定の条件が整えば繁殖して、ときに人間にマイナスの影響を及ぼすようになります。

同時によいカビやよい菌もいて、私たちに役立っている。空気環境も私たちの腸内環境とまったく同じなのです。家というものも私たちの腸内と同じように、生命を育む方向へと機能する能力を備えていなければなりません。

住まいの健全化のため抗菌グッズに頼りすぎることは、病気を治すのに抗生物質に頼りすぎるのとよく似ています。抗生物質を使いすぎると、体内の細菌を根こそぎやっつけてしまうために、免疫力が低下して、当面の病気を治せても身体を弱くしてしまいます。また、抗生物質はだんだん効かなくなってきます。1回の投与量をふやしたり、別の抗生物質を使わなければならなくなります。

抗菌加工に頼る生活も同じです。住環境のマイナス面だけに目をやって、家全体を抗菌加工によって防備し敵を寄せつけまいとするのは、住まいを要塞化する発想ですが、そうやって家を抗菌加工の中に閉じ込めてしまうと、プラスの働きをになう微生物の数を減らしてしまいます。

それがどんなに住環境の悪化に影響を及ぼすかを考えたほうがいいでしょう。カビやダニはやっつけても、抗菌グッズのもつ化学物質によるマイナスの影響を受けるようになるのです。そのうえ、やっつけたはずのカビやダニは必ずまたはびこってきます。

こんなイタチゴッコはやめたほうがいいのですが、いまの住宅事情ではそれなしには安全、清潔な暮らしができなくなってきています。

免疫木材はこれらの問題を根本から解決してくれます。弱った木材はカビを増殖しやすいけれども、免疫木材なら抑制できます。新建材でもFFC処理をすれば、その害を軽減することができます。あちら立てればこちらが立たずの相反した難問に対応できるのは、いまのところ免疫木材しかないといってよいでしょう。

家は「第2の胎内環境」だった

誰もが自分や家族の健康には気を使っています。お母さんは子どもたちの健全な発育のために、栄養に気を配ります。ご主人に元気に働いてもらうために、「お酒をひかえてください」「タバコはやめてください」という奥さんは大勢います。

いまは一種の健康ブームです。サプリメントを愛用する人も少なくありません。フィットネスクラブで運動に熱心な人もいます。メタボにならないように、あるいは解消しようとダイエットに取り組む人もたくさんいます。

食事と健康、運動と健康、ストレス対策など、心のあり方と健康にまで人々は気を使うのに、なぜか住まいと健康を結び付けて考える人は多くありません。いま必要なのは「家は第2の胎内環境」という発想をもつことだと思います。

実際に家とはそういうものです。いくら食事に気をつけても、運動をしても、住まいの環境がわるければ、身体は不健康になってしまいます。住まいで呼吸する空気がいちばん多いからです。

私が大学の研究室などに免疫木材の研究をお願いして、その結果をいろいろ報告してもらっているなかでつくづく感じたのは、人の健康というのは「バクテリア（細菌）に守られているな」ということでした。私たちがどれだけバクテリアのお世話になっているか。これはどんなに強調しても強調しすぎるということはありません。

にもかかわらず、多くの人がバクテリアの人間にしてくれているプラスの影響について無関心なのは、バクテリアの性質をよく知らないからではないでしょうか。バクテリアとか細菌、カビ、ウイルスというと、すぐマイナスのイメージでとらえてしまうのもそのためだと思います。

私たちはバクテリアによって生かされている――という事実を、もっと重く受け止めるべきだと思うのです。

一説によると、ヒトの体重の1キロは共生バクテリアといいます。かりに私の体重が70キロだとすると、69キロが私の体重で、1キロは私を守っている常在バクテリア＝共生菌なのです。それらの善玉菌を抗菌加工の中に閉じ込めてしまうと、数が減っていって健康が損われてしまいます。アレルギーやアトピーなどは、それが原因で起こってくる病気といえます。

共生バクテリアのなかでよく知られているのは大腸菌です。

大腸菌は下痢の原因になったりしますから、私たちの敵のように思ってしまいがちですが、じつはよい働きもしているのです。なぜかというと、ほとんどのバクテリアは日和見菌だからです。日和見菌というのは、あるときは身体に害を与えるが、別のときにはよい働きをしてくれる。そういう二面性をもっています。このことを腸内細菌で説明すると、次のようになります。

前にも申し上げたように、私たちの腸内には約1千種類、数百兆個のバクテリアが棲んでいて、栄養の吸収などに一定の役割を果たしています。1千種類の腸内細菌のなかには、善玉菌もいれば悪玉菌もいます。その比率は、善玉菌3、悪玉菌1、日和見菌6というのが定説ですが、先述の金鋒博士は悪玉菌はごくわずかだといいます。

ここで知っておいてほしいことは、1千種類という数があっても、実際は親玉格の菌に従ってしまうことです。

腸内で善玉菌の親玉格は乳酸菌ですが、乳酸菌が優勢になると、大腸菌も含めほとんどの細菌が親玉菌に従うのです。

善玉菌が優勢なとき、大腸菌は身体にとってわるいことはしません。むしろよい働きをしてくれます。いつも優勢なほうに従うのが日和見ということで、1千種の腸内細菌の大半はこの日和見菌の性格をもっています。

つまり、大半の腸内細菌は敵ではないのです。健康を維持するためには、腸内でよい働きをする菌をつねに優勢な状態に保っておけば、大腸菌も他の菌もよい働きをしてくれる。最悪でもわるい働きはしないのです。

だからいちばん大切なことは、健康にプラスに働いてくれる親玉菌をつねに身体の中に取り込むことです。そう考えてくると、敵味方の区別なくやっつけてしまう殺菌、消毒という行為が、いかに危険なことかおわかりになると思います。

生まれつき腸の丈夫な人と弱い人がいます。腸の丈夫な人は、少しくらいわるいものを食べてもケロッとしています。逆に腸が弱い人は、まわりの人が平気なのに、同じものを食べて腹痛や下痢を起こしたりします。この差はどこからくると思われますか？　腸内における菌叢《きんそう》分布によります。

約1千種類の腸内菌は、それぞれが独自の勢力範囲をもって腸内に棲みついています。これを腸内菌叢分布（別名「腸内フローラ」）といいます。

腸内菌叢分布には個人差があります。善玉菌がいつも優勢になるような菌叢分布になっている人と、すぐに悪玉菌に支配されてしまうような菌叢分布の人がいます。

この差はふだんの食事習慣やライフスタイルにもよりますが、そもそも最初の菌叢分布がつくられるのは生まれたときです。お母さんのお腹の中から出てきて、「オギャー」といった瞬間、赤ちゃんは最初の呼吸で空気を吸い込みます。このとき吸い込んだ空気の中に含まれていた細菌が、その人の腸内菌叢を形成する最初の住人ということになります。つまり、生まれてきて最初に吸い込んだ空気の質によって、腸内菌叢は左右されるのです。

それくらい空気環境というものは、人の健康に大きな影響を及ぼしています。毎日吸っている自宅の空気が汚れていたり、有害だったりしたら、どんなに好ましくない影響を与えるか想像がつきます。食事も大切、運動も大切、ストレスもうまく乗り切る必要があります。だが、ふだん何気なく吸っている「空気の質」というものに、もっと配慮する必要があるということです。

お母さんのおなかの中にいる胎児は、母親の胎内で生命を育むことができます。胎内環境は絶対に安全なものでなければならないことはいうまでもありません。家もそうなのです。家族の生命を守り育てる胎内環境が家というものなのです。

太古の森と現代の森

木材とひと口にいっても、現代の木材とむかしの木材は、性質の面でかなり違っています。どこがどう違うのか。図8をご覧ください。古代の森は自然が汚されておらず、樹木は太陽エネルギーを取り込み、すくすく成長していました。

なかには、自分に適さない環境下に置かれたため成長力の乏しい木も、あるいは虫や病原菌にむしばまれた樹木もあったことでしょう。でも、それはあくまで自然淘汰の範囲内

図８　古代の木と現代の木

のことであり、森林全体が弱い樹木に支配されるようなことはありませんでした。植物は地球上唯一の生産者として高い生産力を発揮していました。植物の生産力がいかにすごいかは、次の数字からも容易にわかるはずです。

①森林は外洋プランクトンの10倍の生産力をもつ
②海と陸の比率7対3にもかかわらず、陸上の生産量は海洋の2倍に達する
③陸上植物の全生物量は海洋での全生物量の約５００倍である
④全世界の生物量の90％は森林で占められている

植物のなかで主役を演じていたのは森林を形成する樹木たちです。樹木は森林全体の骨格をつくり、他の生物たちの住処を提供するだけでなく、炭酸ガス（二酸化炭素）を取り込み、酸素の供給源にもなっていました。

つまり、樹木が健全に育つことが、地球生命の土台になっていたのです。

現代はどうか――。酸性雨に代表される大気汚染や水質の汚れ、開発などにより、森の健全性が急速に失われつつあります。

その結果、材木になってからも、品質の低下は避けられず、このことが白アリなどの被害をもたらし短命住宅の一因にもなっています。日本の住宅寿命は一般に30年といわれて

いますが、あまりにも短すぎます。

日本の住宅の貧しさは寿命だけではありません。実際に住宅で暮らす場面でも、さまざまな不都合を抱えています。そのことは、いまの日本人の住生活を見れば一目瞭然です。

いま多くの人たちは、家の管理面でどんな生活を送っているでしょうか。

防カビや抗菌に神経を使い、換気を繰り返し、清潔を保つため、あるいは消臭のため、大量の化学物質に頼らなければならない……快適どころか、不便で手間もコストもかかる生活を強いられています。

その原因はいろいろ指摘できますが、私は人があまり気がつかない一側面として、「木ばなれしたことが大きい」と思っています。

統計によれば、木造住宅の割合「木造率」は昭和40年代半ばまでは7割を超えていました。それが昭和60年には5割を下まわり、いまは45%前後です。

戦前に建てられた平均的な木造住宅では、どこの家にも木の廊下と木造の雨戸がありました。窓枠なども木でつくられていました。

戦後の一般住宅では、木板を使う廊下はほとんど見られなくなり、窓枠も雨戸もアルミサッシ。建材として木を使っていても、それを見せない部屋づくりが流行して、木のよさなどどこかへいってしまいました。

風向きが変わったのはごく最近になってからです。シックハウス症候群などへの関心の高まりとともに、「木の長所を生かした家に住みたい」という人たちがふえてきました。

しかし、木を使っても、木そのものが病んでいるので、そう簡単に木本来の樹能は期待できません。あえて望めば樹能がしっかりした天然無垢材でつくれなくはありませんが、その場合はコスト高という大きな壁が立ちはだかってきます。

このコスト高の壁を初めて破ったのが免疫住宅ということができます。

免疫木材はＦＦＣテクノロジーのおかげで、古代の森では当たり前にあった優れた樹能を取り戻しています。免疫木材で家づくりをすれば、古代の森から切り出してきた材木でつくるのと大差ない家をつくることができます。

おいしい空気はもちろんのこと、木がもつ本来の抗菌性、害虫の忌避性なども当然働いて、住み心地のよい住空間になり、さながら森林にいるような快適な気分を味わうことができます。

地球上において、樹木はもっとも長寿で丈夫な生物でした。米カリフォルニア州には樹齢４７００年以上の巨樹プリスルコーンパイン（松）があります。わが国にも樹齢

7000年以上という気の遠くなるような長寿の屋久杉がいまも生きています。

この強い樹木の生命力は、建材になっても発揮されます。そのよい例として築1300年、世界最古の木造建築物である「法隆寺五重塔」があります。

樹木の細胞は組織がきわめて堅牢《けんろう》にできていて、その構造は材木になってからも長らく失われることはありません。この堅牢さはこの地上の何ものにも替えがたい構築物としての価値を私たちに与えてくれています。

樹木自身のつくり出す薬効成分は腐朽菌の繁殖を抑え、さらに空気中の水分をコントロールする機能も備えています。こうした木のすぐれた能力（樹能）を、材木になってからも最大限に生かせるのが免疫木材です。

病気になる家から健康になる家へ

長年、東京下町の借家住まいだった一家（夫婦と娘さん2人）が築16年という中古マンションを購入して千葉県のある街に引っ越しました。

住み始めて2年間は何事もありませんでした。異変が生じたのはリビングキッチンと洋間（6畳、8畳）をリフォームしてからです。

見た目はきれいになって喜んだのもつかの間、まもなくお母さんが偏頭痛、視力低下に悩まされるようになりました。症状がだんだんひどくなるので、大学病院で診察を受けてみると、付けられた病名は「化学物質過敏症」でした。シックハウス症候群だったのです。調べてみると、発生していたＶＯＣガスはごく微量でしたが、一日中家にいるお母さんがその犠牲になってしまったのです。

親孝行をしようと思いたち、老いた両親のためにバリアフリーの家を新築したら、健康だった親が急に体調を崩した……こと家に関しては、よかれと思ってしたことが裏目に出ることが珍しくありません。

新築やリフォーム後に家族に身体的な異常が生じたとき、最初にシックハウス症候群を疑ってみなければいけないなんて、これだけ進歩した世の中で、まったくおかしな話だと思われませんか。

そもそも家というのはどういう条件を備えていなければならないか。参考までに、大むかしの日本人が「家」（住まい）に託していた想いを紹介してみます。

「玉敷ける家も何せむ八重むぐら　おほえる小屋も妹としをらば」

これは『万葉集』に収録されていたものです。

簡単な解説を加えさせていただくと、「玉敷ける家」は玉砂利を敷いた立派な家のことです。「八重むぐら」はアカネ科のとげのある雑草です。「雑草が覆うような粗末な小屋でも、好きな人と一緒に暮らせるなら充分に幸せだ」。こういう意味ですね。

つまり家とは、立派であるなし以前に「幸せに生きていくための住空間」ということ。立派であるに越したことはないけれど、粗末であっても日々が充実して過ごせれば「それでよし」という感覚だったと思われます。

立派な家であれ、粗末な家であれ、そこには家そのものが住人に害を及ぼすなどという発想はみじんも見られません。いまはどうでしょうか。億の値のつく高級マンションでも病気になる危険性があります。しかし、自分の家族がその危険に見舞われていることに気づいていない方もまだおられるようです。

あるご夫婦は、共稼ぎで苦労してお金をため、高額のローンを組み、念願のマイホームを手に入れました。意気揚々と引っ越して半年たった頃、お子さんにアトピー性皮膚炎と喘息症状が出るようになりました。病院へ連れていったけれども、原因がはっきりせず、治療も症状を和らげる対症療法だけ。お子さんの症状はだんだんひどくなって、お母さんは看病のために勤めをやめるはめになりました。

そのうち、お母さんも体調を崩し始めました。ときどき原因不明のめまいや激しい頭痛に襲われるようになったのです。同時に夫婦仲もギクシャク。そんなとき、ある人から「シックハウス症候群じゃないの？」との指摘を受けました。

調べてみると、どうもその可能性が高い。子育てを何より優先するご夫婦は、思い切って家を売却、「しばらくは様子を見よう」と実家に身を寄せていました。そうしたら頭痛もめまいもなくなり、お子さんの症状もピタリと止んだそうです。

このご夫婦の場合は早く気がついたからよかったものの、「何かおかしいな」と思いつつ、家にその原因があると気づく人はまだまだ少ないのが現状のようです。

といって、家を建てる経験は、多くの人にとって一生に1度か2度ですから、みんなそんなに詳しくない。いろんな情報を提供されても、それを理解してうまく取り入れられないでしょう。

ではどうしたらよいか。何をさておいても「健康第一主義」で家づくりをすることです。新築であれ、リフォームであれ、あるいは簡単な補修や手入れであれ、すべて家族の健康に寄与するかどうか、それを第一の目的にするのです。

家とは、1日の疲れを取り、明日への活力を生む場所、いちばん安心できる空間でなければなりません。価格や間取り、外観あるいは流行の性能に気をとられ、本来住宅がもつ「住み心地」をないがしろにするのは大きな間違いです。

赤ちゃんとお年寄りにやさしい家が理想

とくにいまの家づくりは、業者標準（つくる側の都合本位）になっていますので、その点に注意を向ける必要があります。

といって、具体的にどう注意を向けるか。それがわからないかもしれません。そこでひとつ、よい方法をお教えしましょう。それは欧米人がよくやるように、「自分で手入れをする」という発想をもつことです。「そんなの面倒くさい」と思われるかもしれませんが、それ以外によい方法はありません。

「家を建てる。途端に一生の仕事が始まる。家具を買い入れ、油断なく警戒し、人に見せ、そして残りの余生は家の修理をしなければならない」

この言葉はアメリカの詩人エマーソンのものです。この言葉どおり、欧米の人たちはじつによく家の手入れをします。これが欧米人の「自分の家」に対するごくふつうの考え方、家への接し方なのです。

日本人は「家は30年でおしまいだ」と思い、手入れというと、すぐ業者任せにしてしまう。これでは家への愛着もわきません。こと家に関しては、欧米人の態度を日本人も見習ったほうがいいと思います。

その気になって自分で手入れをしていれば、いまは病気を招くような危険な家であっても、住むほどに健康になり、50年も１００年も長持ちする家に変えることができる。その意味で２００７年に政府が打ち出した「二百年住宅構想」というのは、方向性としてく正しい……ただし、政策そのものは中途半端で、果たして２００年の寿命があるかどうかは２００年経ってみないとわからない、という見方もありますが。

いま日本人が家に関していちばん欠けているのは「危機意識」ということです。「うちの子に限って……」と自分の子どものわるさに気づかない親のように、「うちの家に限って……」という方が圧倒的だと思います。

たとえば、あなたの身近にこんな例はなかったでしょうか。

みんなに祝福され盛大な結婚式を挙げて、立派な新築マンションで新婚生活を始めた若いカップルが、周囲が驚くようなスピード離婚してしまった……そういうとき、「いまどきの若い人たちはこらえ性がないのだから……」などと、精神面から原因を指摘しがちです。しかし、それはとんだ見当違いで、じつは新築マンションに住んだことによる化学物質中毒だったのかもしれません。

いまの住宅がどれほど危険に満ちているか。ここで少しおさらいをしてみましょう。

建材に含まれる接着剤や塗料などに含まれる揮発性化学物質は、アトピーやアレルギーの原因になるほか、がんや成人病を誘発し、さらにうつ病や精神障害に似た症状も引き起こすといわれています。

しかし、住まいのもつ危険性は、住宅建材そのものに起因するシックハウス症候群に限りません。建材以外に有害なものが寝具、衣類、生活用品にもたくさんあります。

たとえば、合板を使ったタンスには接着剤が多量に使われています。合板は接着剤の塊といっていい。そんなタンスがひとつでも置いてあると、有害物質がガスとなって室内に発散するだけでなく、中に入れた衣類にも吸収されてしまいます。

家具類ではほかに椅子、机、収納箱、ベッドなどにもホルムアルデヒドは含まれているし、カーペットも防虫、防カビ加工がされているので、ホルムアルデヒドが出てきます。また衣類そのものにホルムアルデヒドが含まれていることもあります。

たとえば、シーツに加工剤として添加されたホルムアルデヒドが原因で、生まれたばか

写真８　FFC 加工された積み木「知育箱」

りの赤ちゃんがひどいアトピー性皮膚炎になった例があります。
洗って使えば大丈夫ですが、新品をそのまま使ったりすると、こういうことがしばしば起きてきます。いまの繊維製品は、ホルムアルデヒドで加工されているものが少なくないからです。
プラスチックの食器も注意が必要です。お皿、弁当箱、容器、カップなど、プラスチック製のものは、添加剤として使用された有害物質が溶出する危険があります。とくに油を使った料理を熱いまま入れると危険です。
むろん、これらの容器類については、一定の基準が設けられていますが、使う側には個人差があります。微量でも過敏症の人は健康被害が生じてしまいます。プラスチックは製造過程でさまざまな化学薬品が添加剤として使われています。

子どもの玩具も危険がいっぱいです。プラスチックやビニール製の玩具を調べたアメリカの調査によれば、ビニール製の玩具には可塑剤としてフタル酸化合物が含まれていて、発がん性や内臓障害のおそれがあるほか、ホルモンに作用して生育障害のリスクが大きいと報告されています。幼児はおもちゃをなめたりします。おもちゃに有害化学物質が混入されているとしたら……。

プラスチックや塩化ビニールも可塑剤や安定剤、酸化防止剤として何百種類もの化学物質が使われています。使い方によっては溶出が心配になります。

10年ぐらい前、アメリカの子どもの血液中から、異常に高い数値の鉛が検出され問題になったことがあります。原因は塩化ビニール製の日よけ傘でした。鉛は塩化ビニールの安定剤として使用されていたのです。

暮らしにまつわる化学物質の危険性はまだまだあります。

家の中を見まわせば、数多くの化学物質が台所や風呂場、トイレなどにあります。それからゴキブリ、ハエ、蚊、蟻、ダニなどを退治する殺虫剤。薫煙式の殺虫剤を何度も使った60代の女性がひどい中毒症状になった例もあります。

ゴキブリや害虫を殺す効力をもつ薬品が、人間の健康にわるい影響を与えないはずがありません。また、テレビで盛んに宣伝している芳香剤系の商品。これも揮発性化学物質ですから、人間が吸い込んで無事にすむはずがありません。「焦げ付かない」というキャッチフレーズで売られているテフロン加工のフライパンや鍋は、表面がフッ素化合物で加工されており、その処理剤は発がん性が指摘されています。

こうした化学物質は、私たちの生活に深く入り込んでいます。つまり、私たちの暮らしは住宅の建材に始まって壁紙からカーペット、家具類、備品、キッチン、風呂、トイレ、家庭雑貨、衣類などなど、あらゆる場面で揮発性の化学物質に取り囲まれているのです。

告発的な本ですが、『知ってはいけない――消費者に隠された１００の真実』（船瀬俊介著、徳間書店）には、メーカーにとってそれこそ知られたくない事実が数多く明らかにされています。

高級マンションになると、気密性にすぐれた構造になっていますから、こうした揮発性のガスを吸い込む量はより多くなります。健康被害が肉体と精神に及んで、楽しいはずの新婚生活が悲惨なものになっても不思議はありません。

こうした住環境で赤ちゃんが誕生したら、最初に健康被害を受けるのは赤ちゃんです。また、お年よりも免疫力が低下しているので、赤ちゃんに次いで被害者になりやすい。快適で住みやすい家にするには、いまの家族構成がどうあれ、赤ちゃん目線、あるいはお年寄り目線で考えてみることです。

高気密の家でも清浄な空気で満たせる

第1章で、高気密・高断熱、国が定めた建材の化学物質基準、そして計画換気を義務づけたという矛盾について指摘しました。

私がおかしいと思うのは、ホルムアルデヒドなどを発散する建材を使っていなくても、原則として「すべての建築物」に換気装置を設置しなければならないこと。いかにもお役所発想と思いませんか。

揮発性の有害物質が出る恐れもない住宅で、2時間に1回の割合で室内空気と外気の入れ替えが行われている。その装置を動かすエネルギーだって馬鹿にならないでしょう。そこで「結露防止にも役立つじゃないか」といったへ理屈が出てくるのです。

しかし、換気だってやりすぎれば過乾燥という問題が起きてきます。乾燥しすぎはインフルエンザなどの疾患を招く恐れがあります。また肌やノドにもよくない。そうなると今度は加湿器が必要になってきます。実際に、加湿器、除湿機、空気清浄機、イオン発生器などといった商品が最近はよく売れているといいます。

高気密・高断熱にして、夏でも冬でも部屋を閉め切って生活し、加湿器、除湿機、空気清浄機、イオン発生器を適宜使い分ける……これが最も近代的な生活というわけです。

まるで引きこもりのようなこんな生活が合理的とはとても思えません。鎌倉時代の『徒《つれ》然草《づれぐさ》』作者である吉田兼好はこういっています。「家の作りやうは夏をむねとすべし」。このほうが賢くありませんか。いまの私たちの住生活は、どこかで間違った方向へと歩みだしてしまったのです。

私は何も高気密・高断熱の住宅づくりを否定しているわけではありません。現在つくられる住宅は、高気密・高断熱仕様なのですから、計画換気は必要不可欠になってきています。冷暖房機を当たり前のように使用する住宅で、エネルギー効率を考えたら、高気密・高断熱を否定できません。

ただ、いまは家をつくるほうも、あるいは住むほうも、この新しい事態にうまく適応できていないことが問題なのです。

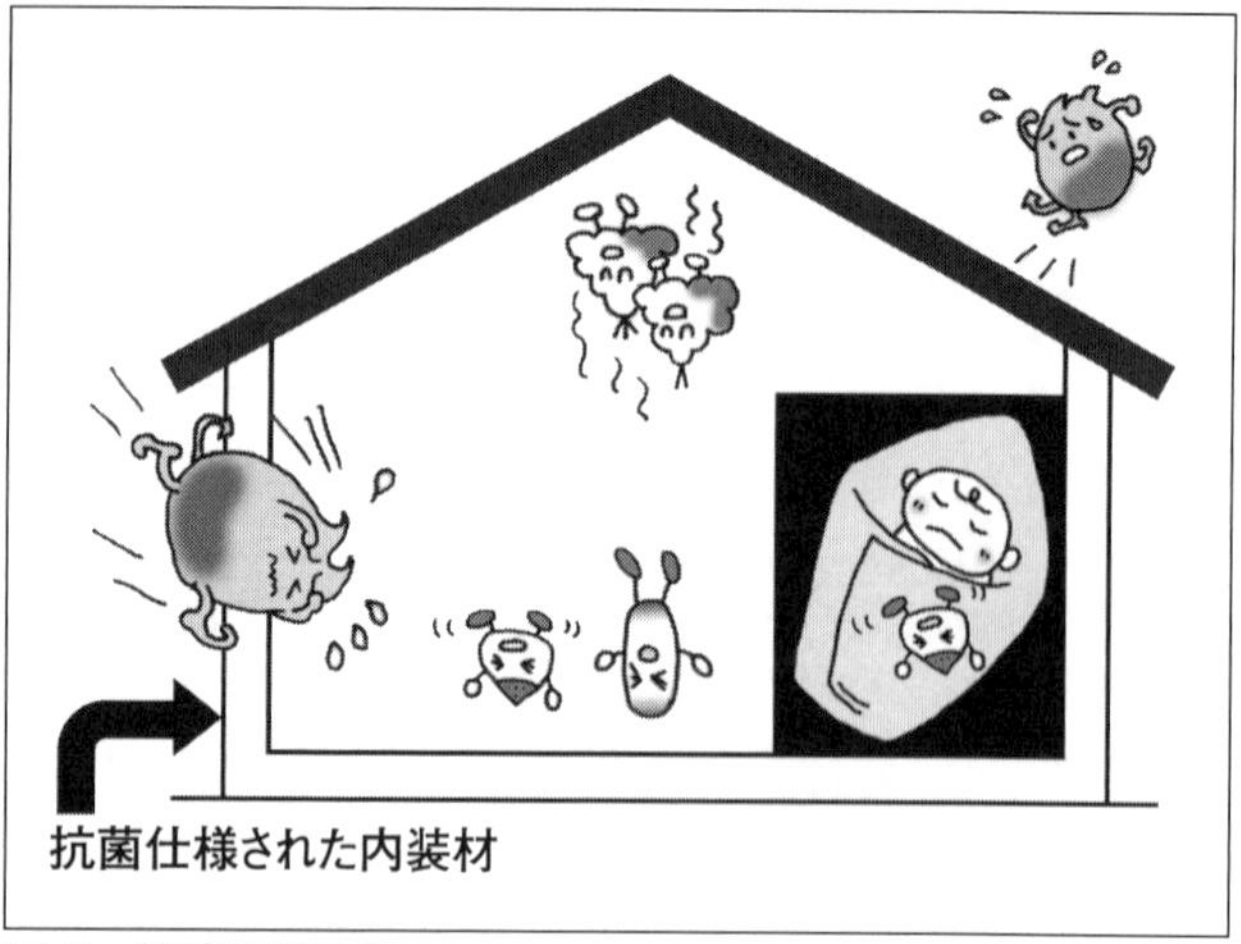

図９　抗菌仕様の家

高気密・高断熱の住宅は、室内温度が均一になります。これからの高齢化社会を考えたとき、室内温度の均一化は大きなメリットです。お年寄りにとって温度変化は健康上の大敵だからです。お年寄りがトイレやお風呂場で脳卒中などで倒れるのは、温度変化が原因の場合が多いといいます。暖かい居間から寒いトイレに立つ。あるいは風呂で温まった身体を脱衣場の冷たい空気にさらす。温度変化の危険を考えたら、家の中の温度がどこも一定なのは好ましいことです。

こういう状態をつくり出すためには、高気密・高断熱は必要なことです。

また、気密性の低い住まいでは、室内空気と外気が絶えず入れ替わっているので、エネ

図10　免疫住宅の家

ルギー効率がわるい。さらに、外気が汚染されているような場合は、その影響を受ける。この点も配慮しなければなりません。

わが国の住宅は、伝統的に先の吉田兼好の言葉のように「夏標準」で開放的につくられてきたために、肝心の建築業者に勉強不足のところがあって、高気密・高断熱を正しく理解していないところがあるのです。

そのため高気密・高断熱をうたいながら、実は穴の空いたストロー状態になっている家が少なくない。これからだんだん進歩していくでしょうが、それには時間がかかります。ではこのような現状に免疫木材はどんな役割を果たせるのでしょうか。

免疫木材を使うと、蘇った樹能によって、

空気調節が自然に行われるメリットがあります。つまり湿度の高いときは免疫木材がそれを吸収し、乾燥が過ぎるときは水分を放出してくれるのです。

むろん、こういう働きをしてもらうには、高気密・高断熱の住宅でも、時には窓や扉を開放して、自然の状態にさらすことが必要になります。それさえ行えば、免疫木材の調節機能はスムーズに働きます。

高気密・高断熱構造の家では、部屋を閉め切っていても、換気装置は働いています。しかしそれは、窓や扉を開けてはいけないというのとは違います。実際には高気密の構造でありながら、中では石油ヒーターを使ったりしていますから、計画換気の能力以上に空気を汚していることが多いのです。

だから、計画換気をしていても、時には窓を開け放って、空気の入れ替えを行うようにしたほうがいい。そうすることによって、「免疫木材の樹能」をより活発にすることができます。

免疫住宅は住まいを長寿命にする

「二百年住宅」のことを少し紹介しましたが、主旨そのものには大賛成です。「大量生産、大量消費をよしとする社会からの決別」は、30年サイクルで建てては壊すという現在の住宅のあり方を見直すものです。住宅の長寿命化は購入者の負担を軽減し（最初は高コストですが、長持ちし、数代にわたって住めるので結果的に負担が軽くなる）、エコロジーの観点からも必要なことです。

しかしながら、二百年住宅という考え方には、まだついていけない人のほうが多いようです。イメージがわかないのです。これは無理もありません。そんな家など一部の有形文化財を除いてほとんどないからです。建築業者だってどうつくっていいのかわからないはずです。

「どうやって２００年もたせるの？」

キツネにつままれたような話なのではないでしょうか。

家が何年もつかはケース・バイ・ケースですが、実際にアンケートをとってみると、「もって25年から30年」と思う人が半分以上を占めています。実際に戦後の住宅のほとんどが、25年～30年で取り壊されています。でも家というものは、人間以上に長持ちして当然なのです。

どうすればそういう家をつくれるか。

第1に、自然界にある素材をできるだけ多く取り入れることです。具体的にいえば、木材を中心とした家づくりをすることです。

第2に、合理的な設計をして、家が傷まないようにすることです。

第3に、メンテナンスがしやすい構造にすること。部分的には調達可能な材料で周期的にメンテナンスができるようにしておくのがいちばんです。

第4に「早く帰りたくなるような家」にすることです。シックハウスの原因になるような家は論外です。住めば住むほど家はよくなっていくものです。

第5に、比較的低コストで建てられること。お金をかければいくらでもいい家は建てられますが、一定の年齢に達した庶民層に手の届く価格で建てられることも必要な条件です。

以上の条件に、果たしていまの建築業者が建てている家が合致するかというと、まず無理でしょう。

しかし、私どもが提唱する「免疫住宅」ならば、これらの条件はことごとくクリアすることができます。多少オーバーな表現が許されるなら、「免疫住宅なら法隆寺級の寿命の長い家をつくれますよ」と私はいうでしょう。

なぜそこまでいえるのか。それはひとえにFFCテクノロジーのおかげですが、本当にそうなのか。先の5条件に当てはめてみることにしましょう。

まず第1の条件「自然界の素材を取り入れる」は、何の問題もなくクリアすることができます。いまの木材は弱っていますから、そのまま使ったのでは、とても長寿住宅はできません。でも、規格化した免疫建材で建てるか、あるいは手持ちの材木を持ち込んでいただければ免疫加工しますので、それを使えばいいのです。自慢の大黒柱も免疫加工すれば磐石な家柱になります。

第2の「合理的な設計」ですが、いくら合理的な設計をしても、素材が弱っていればだめということもあります。結露するはずがないのにするような場合は、設計よりも家の素材に原因がある場合が少なくない。免疫木材にはその心配がありません。

第3に「メンテナンスがしやすい」という点ですが、免疫木材でつくれば、木の部分が多くなるので、いくらでも部分的に取り替えられる。いまは免疫木材の種類もふえてきているので、いかようにでも対処できます。

第4の「早く帰りたくなるような家」は、免疫住宅の最大の特長でもあります。おいしい空気を毎日吸っていると、無意識でも帰りたくなる。このことは免疫住宅に住んでおられる方が一様に実感されているところです。

第5に「コストの問題」ですが、免疫木材は「高いのではないか」という心配があると思います。その心配はご無用です。免疫加工賃は量にもよりますが、家1軒分でも低価格で加工できます。

コストについて私自身は「できるだけ安く提供したい」と思っています。免疫木材化を望む人がふえれば、その分加工賃の引き下げに役立てたい。システムが出来上がっていて、加工も職人技のようなものではないので、免疫住宅は想像以上に安価にできます。

2011年に関東工場を設置したのもそのためです。それまでは免疫加工するのは福岡県大川市の本社だけでしたから、関東圏の方には輸送費が余計にかかっていました。千葉にある関東工場は、当然関東圏のお客様を視野に入れています。輸送コストが以前よりもかなり軽減できます。

シックハウス症候群が話題になってから、多くの人が健康住宅志向になっています。それに呼応するように「エコ住宅」が注目されています。しかし、規格からはずれた材料やすぐれた職人さんの手を借りなければつくれないとすると、目の玉が飛び出るようなコスト高になるでしょう。

「安心、安全で真にくつろげる家にしたいけれど、予算がそこまで追いつかない」

こういう方が大勢おられます。免疫木材ならそれは可能です。ＦＦＣテクノロジーを活用すると、不思議に難問は解決してしまうのです。そのことを実感してみたい方は、ＦＦＣテクノロジーを一度試してみることをお勧めします。

私どもの関連でいえば、免疫木材製の家具をひとつ使ってみてください。そうすれば免疫住宅のすばらしさをきっと理解されるでしょう。あるいは、いまお使いの家具をひとつ免疫加工してみてください。

さらに加筆したいことがもうひとつあります。

それは、免役加工というものが、木材に限ったものではないということです。ＦＦＣテクノロジーによる免役加工は、木材はもちろんのこと、他の資材についても行えるのです（プラスチック・金属・クロス・布・紙・ポリ板など）。

たとえば、システムキッチンやユニットバスなどについても免疫加工を施すことができます。免役住宅をつくるとき、システムキッチンやユニットバスも運んできて、免役加工を望むお客様もおおぜいいます。

やり方は基本的に免疫木材をつくるときと同じですが、免役加工するとシステムキッチンもユニットバスも蘇生型の性質をもつようになります。カーテンでもカーペットでも、応援セットでも同じです。

ＦＦＣテクノロジーは、すべての素材を蘇生型に導く。そのことは第3章で申し上げたとおりですが、この効果のもつ意味はとてつもなく大きいと思います。

もともと私たちが生きることは、酸化型世界へ向かうことです。姿形あるものは必ず崩壊へ向かう。これが絶対的な真理であることはエントロピーの法則からも明らかなことです。ところがＦＦＣテクノロジーは、触れるものすべてを酸化型から還元・蘇生型へと導いてしまう。ここがＦＦＣテクノロジーのすごいところです。

健康住宅を保証する5つの条件

エコ住宅とか健康住宅という言葉が、最近よく聞かれます。しかし、それがどんな中身の住宅なのかということになると、意見はさまざまに分かれてきます。住宅は時代とともに変化し、また建て主の好みもあるので、いちがいに「こういう家がいい」と決めつけることは避けなければなりません。

戦後の焼け野原状態のときなら「雨露しのげればよし」と多くの人が思ったでしょうが、現在では最低限「快適」「安全」「健康」が保障されなくては、真の健康住宅とは呼べないことは異論がないでしょう。

さらに、次の５つの条件はクリアする必要があるでしょう。

①揮発性有害化学物質の影響がないか
②カビ、ダニ対策がちゃんとできているか
③善玉菌の増殖を促す環境にあるか
④抗菌加工された床材やビニールクロスなどの害を取り除く対策ができているか
⑤現代の住宅はすべて高気密であり、いわゆる無菌ルームをつくりあげているので、その対策がしっかりとられているか

この５つの条件がそろって初めて健康住宅といえると思います。ところが現状はどうかといえば、ますますこの条件がクリアしにくくなってきています。

理由はいろいろありますが、ひと口でいってしまえば、戦後の建築業界が「つくる側の都合」によって家づくりをしてきたことがいちばん大きいと思います。この間、建て主側はずっとないがしろにされてきました。

同時に建て主が業者に任せすぎたことも一因です。建て主は「家」についてもっと勉強する必要があったのです。それをしなかったから、現在のような混乱が生じてしまったの

です。

出来上がって住み始めたら、戸もしっかり閉まらないほどゆがんだ家だったとか、「このままだと家が潰れてしまう」とウソのアドバイスを真に受けて、何百万円もの改修費を騙し取られるといったケースは、建て主側の不勉強と業者へまかせすぎのせいといえるでしょう。

家というのは安い買い物ではありません。ローンを組んで何十年もかけて払っていく一世一代の買い物です。もっと家について勉強して、業者に向かってどんどん自己主張をすることが大切です。

といって、専門の勉強をしたことのない人々が、業者と五分で渡り合うのは難しいのも事実です。では、どうしたらいいのでしょうか。

我田引水のようですが、免疫木材、免疫住宅についての知識を蓄積して、健康面から業者と渡り合うのが得策だと思います。

業者というのは、自分たちの都合で建て主が喜びそうな話をするものです。それに応じていては、向こうに主導権を握られてしまいます。

免疫住宅はまったく建て主本位の発想から生まれたもので、金儲け本位の業者はむしろ関わりたくないと思う性質のものです。なぜなら、自分たちの用意する建材をそのまま使えず、加工の手間もコストもかかるからです。

いまはシックハウスがクローズアップされていますから、「健康面での心配はないのか」という建て主の疑問や心配に答えないわけにはいきません。そのとき、ふつうの家づくりだと、向こうはすでにシックハウスの対応マニュアルをもっていますから、いくらでもごまかせます。

だが「免疫住宅」のことをもち出されたら、イムウッドの代理店でない工務店はチンプンカンプンで返答に困るはずです。そのとき、工務店の体質が見えてきます。

良心的な工務店なら免疫住宅、免疫木材に興味を抱くはずです。何の興味も示さず話をそらしたり、うるさそうにしたら、そんな工務店とは付き合わないことです。

あなたが免疫住宅を採用するか否かにかかわらず、免疫住宅、免疫木材にこだわることは、工務店の性質を調べるリトマス試験紙の役割を果たすでしょう。そのためにも本書に書かれていることは、きっとお役に立つはずです。日本を代表するD社やS社、N社といったプレハブ住宅の大企業でも、施主の方針として免疫加工木材を使用するように頼めば、ほとんどがオーケーしてくれます。すでにそういう例で何十棟も建てられています。

さらに、もっと深く免疫住宅について知りたいと思われるなら「イムウッド体験ハウス」に宿泊されることをお勧めします。

私どもの代理店でもある工務店さんが、典型的な免疫住宅「イムウッドハウス」をつくって一般公開しています。

免疫加工証明書で責任の所在を明確に

ところで、私どもの免疫加工というのは、施したといっても「なるほど」と目に見えるようなものではありません。加工していなくても「免疫加工をしました」といえば、それで通ってしまう危うさがあります。そこで免疫木材を使ってつくられた住宅には「加工証明書」を発行しています。

たとえば30坪の免疫住宅をつくるとします。それに必要な資材のどれを、どのくらいの量、何年何月何日に、どれだけの時間をかけて加工したか、詳細に記録した証明書を発行します。

最近、あらゆる分野で偽装が横行して社会問題になっています。建築業界では耐震偽装というとんでもない事件があったばかりです。免疫木材のよさが広まれば広まるほど、ニセモノが出現する確率は高まってくるはずです。

それを見越して私は初めから証明書にこだわってきました。証明書は建材、クロスなど建築資材のほかに、システムキッチンでもユニットバスでも、行ったものひとつひとつ詳細に記録します。クロスなどは何メートル加工したかをはっきりと示して、インチキができないようにしてあります。

証明書の話が出たついでに、免疫住宅を扱う工務店（代理店）の仕組みについてもひと言触れておきます。すでに免疫加工の技術を確立してから14年の月日が経っていますが、私は過去に自ら積極的に代理店の募集は行ってきませんでした。

私たちが積極的に行ってきたことは、「免疫木材という新しい技術が確立された。この技術を用いれば、こういう効果が期待できる」ということを紹介してきただけです。同時に「ＦＦＣイムウッド」ブランドの免疫木材を大量につくって、建材、建具、家具メーカーに供給する一方、工務店さんがもち込む資材の免疫加工も行ってきました。

卓越したノウハウや技術を確立すると、ふつうは代理店を募集して独占的に与えるようなシステムをつくります。でも、私はそういうことを一切しませんでした。私が「こういうものができたよ」と声をかけたのは、知り合いの工務店４社だけでした。

その4社が実際に免疫木材を試してみて「これはいい」ということで進んで使うようになり、口コミでだんだん広がっていったのです。現在は約300社の工務店が〈イムウッド〉を扱っていますが、だからといって、何か規則をもうけてしばり付けるということは一切行っていません。なぜかというと、ひと口に工務店といっても、規模も違うし、扱う工法にも能力にも違いがあります。なかにはどこかのフランチャイズ組織に加盟して、その規則にしばられている工務店もあります。

免疫木材を使うためには、いま加入している組織を脱退しなければならないことも出てきます。そうなると、その組織と〈イムウッド〉の競争になります。競争になれば、少しでも自分のほうが有利になるようなリップサービスが必要になります。そういうわずらわしさを私は避けたかったのです。

また、私がいくら「イムウッドはすばらしい」といっても、将来もっとすごい技術が誕生するかもしれません。技術の世界は日進月歩ですから、その可能性を否定することは誰にもできません。そうなったとき、「あなたはイムウッドの代理店なのだから、浮気をしてはならん」としばって他者の技術を使わせないのはよくない。建て主本位に考えれば、そういうことは当然のことのように思えるのです。

だから〈イムウッド〉を気に入った工務店さんが自ら進んで建て主に勧め、建て主が「そうしてください」とオーケーした場合だけ、免疫木材を使っていただければいいと考えたのです。

ただ、「免疫木材を使った」という事実に関しては、株式会社ウッドサークルが全面的に責任をもたなければなりません。その意味で証明書を発行して責任の所在をはっきりさせることにしたのです。

お客様が免疫住宅を希望する

また、当社では工務店さんに免疫木材を押し付けることもしません。本当は免疫木材を売るのがいちばん儲かるのですが、「免疫住宅をつくりたいなら、うちの木材を買え」といってしまったら、その工務店さんと取引していた建材屋さんが割を食うことになってしまいます。だから私は「材料をもっていらっしゃい。免疫加工はしてあげますよ」という態度で接しています。

なかには免疫木材のことを聞きつけ、「ＦＦＣイムウッドの代理店はどこですか？」と問い合わせてくることがあります。

イムウッドの代理店をしながら、他のフランチャイズに加盟しているため「内緒にしておいてください」という工務店さんもあるので、ホームページには実際の代理店よりはるかに少ない数しか載せていません。

九州を拠点にしていたYホームさんは、以前は年間50棟規模の中堅クラスの工務店でした。ところが、免疫住宅を標準仕様にするようになって業績を急拡大させています。健康のこと、人間の体の仕組みのこと、健康になる家づくりのことなどをお客様にしっかりと伝えることで大きな信頼を得、大手プレハブメーカーでも苦戦するこの業界のなかで、現在は年間400棟もの規模に成長しています。

住み始めたお客様が「うちは新築の臭いがしない」「ツーンとした化学物質の臭いがしない」ということで、近所や知人らに口コミで伝わったのです。「お宅はどんな住宅にしたの？」「○○工務店に頼んだけれど、FFCなんとかといっていた」というように伝わっていきます。そうした口コミ情報を知るとお客様はネットで調べて確認します。

Yホームがやっていることは、どんな家でも「FFCを標準仕様」にしていることです。いわばお客様の口コミ情報だけで契約棟数をふやしているのです。古くからのつきあいや、優秀な営業マンのセールストーク、大手ビルダーという信頼、そういうものだけでお客様は工務店を選ばなくなっています。

昨今は住宅不況です。リーマンショックに続き東日本大震災は多くの産業にダメージを与えました。現在は団塊ジュニアの需要がまだありますが、長期低落は確実です。人口が減っているのです。

Yホームは２０１２年１月、国内10か所目の住宅展示場を福岡県内にオープンさせました。この新展示場で、近年の住宅業界ではあり得ないことが起きました。おおぜいのお客様が押しかけ、行列を成して同社のモデルハウスの見学に訪れたのです。同展示場に張り付いていたスタッフでは足りず、他の展示場から応援部隊を呼んで対応したほどでした。

住宅展示場は多くの住宅メーカーが凌ぎを削る場所です。どの会社も最高のモデルハウスを建て、優秀なスタッフを配置して、さまざまなノベルティを配布して来場するお客様を誘引しようとします。大手メーカー、中堅メーカー、地元工務店、どの会社も必死です。そんな状況のなかで、Yホームだけにお客様の列が並んだのです。こういう現象は日本全国どの住宅展示場でも起きていないことです。同社の営業エリアでは、大手メーカーのシェアを上回っているといいます。

お客様の知識レベルがすごく上がっています。住宅本を読んだり、インターネットでさまざまな情報を入手します。お客様の目はシビアです。これはとてもいいことです。

ベビー服業界では、「抗菌加工しないもの」「子どもの免疫に影響しない素材」をお客様が要求したことで、業界ではすでにそういう取り組みを始めています。

私はよくお客様から聞かれることがあります。これだけお客様や工務店に支持されているFFC加工を、どうして大手メーカーにも普及させていこうとしないのか――。これには理由があります。

家は一生のもの。多額のローンを抱えて、将来お客様が困るようなことはしたくないからです。住宅ローンは長期にわたります。25年、30年、35年間、ずっと安定的に収入が得られる保証はどこにもありません。しかも、ローンの中には、3年間は固定、4年目から変動金利とか、最初の5年間は負担を軽くして6年目から重くなるなど、いろんなパターンがあります。いま、リストラの対象は高年齢の社員だけではありません。仕事が減る、事業が衰退する、若手の社員にまでリストラに着手しなければ企業は生き残れない状況なのです。30年間安定して収入が得られるなどということは、公務員でもない限りあり得ないと思ったほうがいいのです。

大手メーカーと地域工務店のつくる家の違いは何か――。実際にはその品質において変わるところはほとんどありません。同じ工法、同じ建材、同じ設備の場合、大手メーカーのそれは坪単価にして15万円は高い。建築面積60坪の家ならば９００万円の差です。これを35年ローンにすれば約１・８倍の返済額になり、１６２０万円の負担となります。

そういう実態を知っている私が、「大手メーカーでもＦＦＣ加工しているならいいですよ」とはいえません。一生に一度の買い物、家族の幸せを育む棲家、そして少しでも負担を軽くしてほしい、そんな思いがあるので、大手メーカーにＦＦＣを導入していこうとは思わないのです。というより、住宅や建材のプロである私にはできないことなのです。私は地域の木造建築は、地域の工務店が担うという文化をつくりたいのです。

お客様は必死で値引き交渉します。これを30万円まけてくれ、あれを付けて欲しい、などとメーカーに要求します。営業マンは「これはわかりました。でもあれは少し実費だけいただきます」などと交渉しますが、その大もとのところで、すでに９００万円も高く売っているのです。

私がＦＦＣの加盟店にお願いしている工務店は、次の世代、次の次の世代まで事業を引き継ぎ、孫の代までお客様とおつきあいできるような工務店です。私はＦＦＣを売り惜しみしているのではありません。しっかりとした事業経営をして、本当にお客様の幸せを願い、そのために一生懸命に努力しようとしている工務店になってほしいからです。

都会で大学を卒業して会社に勤め、やがて結婚して夫婦で働きながらお金を貯め、30代でようやく夢のマイホームを建てたとします。そう出世はしなかったけれども、順調にサラリーマン生活を全うして30年のローンが支払い終わる頃はすでに65歳。ところが、日本の住宅の平均寿命は30年もありません。この間、2度の修築・改築もします。壁や屋根を貼り替えなくてはなりません。そして30年後には建て替えです。老後の終の棲家、あるいは子孫に残そうとした資産は、実際には資産でなく〝負債〟として残すことになるのです。順調にいってこの状況なのです。これでは資産の蓄積ができずに、どんなに真面目に努力しても「貧困の連鎖」は避けられません。もう、こんな家づくりをしては絶対にいけないのです。

いま、家を新築できる若者は、親に支援してもらえる人だけです。親がもっている土地を提供してくれるか、親の家を増築するか、あるいは親から1000万円の支援があるとか、そういう条件にある人でなければ家は建てられないのが現実です。

私からのアドバイスは、こういう支援がないのに「無理して家は絶対に建ててはいけない」ということです。身の丈に合ったもので我慢することです。どうしても自宅が欲しいなら、中古マンションや中古住宅にして、ローン負担を軽くして早く返済することです。たとえば、新築マンションと築5年のマンション、同じ条件ならば、後者のほうが確実に3割以上は安い。新築には、広告宣伝費、販売促進費が上乗せされています。これだけで20％は高くなります。実際に買ったばかりの２０００万円の新築マンションを売ろうとすれば、うまくいって１５００万円程度です。新築から5年経過したものはもっと安い。１２００万円、あるいは１０００万円です。新築マンションは買った時点で負債になるということを知らなくてはなりません。

これからの工務店は、こうしたお客様の生涯にわたる状況などを解説してあげなければならないと思います。お客様の生活設計のことまで心配して、本当にお客様のためになることを教えていかなければなりません。家族全員の健康のこと、環境ホルモンのこと、免疫のこと、生活設計のこと、ローン負担のこと、子どもが成長したときの間取りや増改築のこと、メンテナンスのこと……。

住宅産業はお客様の幸福に貢献できる素晴らしい仕事です。ならばこそ、お客様が幸福になれるように、本当のこと、真実のことを教えていかなければならないのです。

私は現状、住宅建築としてＦＦＣ加工が最高の技術だと思っています。化学物質を吸着分解して免疫力を高める機能をもつ加工技術は、ＦＦＣをおいて他にありません。だから、私はＦＦＣしかやりません。ＦＦＣしかお客様に勧めません。私は材木屋です。森のこと、木のこと、建材のこと、住宅建築のことはプロフェッショナルを自認しています。それでも、ＦＦＣ加工はすごい技術だと断言できます。

おわりに

これからの住宅産業は成長産業とはとても思えません。しかしながら、差別化をしっかりやれば、成長産業に変わる可能性をもった仕事だと私は考えています。できるだけコストアップにならずに、他にまねできない差別化をすることによって、淘汰されていく住宅会社と伸びていく住宅会社の差が出てくるのだろうと考えています。

私は、本社工場・関東工場を含め、FFC免疫加工は年間5000棟になった段階で加盟店の募集をクローズしたいと考えています。これは、将来の需給を考え、免疫住宅にかかわってくれた加盟店さんの権利を保証し、バックアップしていきたいと考えているからです。

加盟店さんにお願いしたいことは、大手ハウスメーカーの市場を奪うくらいに、地域の信頼を勝ち得ていただきたいということです。それは、データに裏付けされた加工技術のもとに差別化することと、引き渡し後に住まわれた方々の喜びの声が最大の販売促進につながることだと思っています。

これは現在でも、新築に住まわれた方々の相当数の声が全国に広がっていますので、その声をさらに広め、真の健康住宅で〝後悔しない家づくり〟をお客様に提供していきたいと思います。

最後に、ＦＦＣテクノロジーはまだまだ大きな可能性のある技術です。現在、株式会社赤塚の生物機能研究所や国内の大学、米国ハーバード大学での研究が進んでおりますので、近い将来には、いろんな分野の産業にこの技術が広まることを期待しております。

著　者

FFC免疫住宅〈イムウッド〉加盟店

《北海道地区》

はぁとふるホーム㈲和泉建設	北海道札幌市手稲区	011-684-8883
㈲秀和建設	北海道札幌市南区	011-592-4970
㈲設計工房アーキトレーヴ	北海道函館市	0138-34-7717
㈱アートホーム千歳支店	北海道千歳市	0123-40-8686
㈱アートホーム	北海道北見市	0157-68-1110
㈱アーバンハウス	北海道北見市	0157-22-7787
㈱石山工務店	北海道旭川市	0166-48-1766
北栄建設産業㈱	北海道紋別市	0158-24-3185
㈲エイチアンドエヌ	北海道札幌市東区	011-780-5001
㈱協栄ハウス	北海道千歳市	0123-42-8810
㈲カワムラ工房	北海道標津郡中標津町	0153-73-3160
㈱石崎組	北海道江別市	011-382-5141
㈱アーバンガーバン	北海道札幌市東区	011-594-8752

《東北地区》

㈲太田技建	青森県三戸郡五戸町	0178-77-2555
㈱シーモワオカダデザイン	秋田県仙北郡美郷町	0187-84-2365
㈱大共ホーム	岩手県岩手郡滝沢村	019-687-1541
㈱ハウス工房	山形県酒田市	0234-31-1660
㈲美・中川工務店	山形県山形市	023-642-3691
㈱櫻井建設	山形県山形市	023-688-2632
㈲エコ・トラスト	宮城県仙台市	0229-23-1833
鶴秀工務店㈱	宮城県加美郡加美町	0229-63-5656
㈱カノウヤ 住宅事業部 夢工房	福島県伊達市	024-575-2308
㈱五十嵐工匠	福島県会津若松市	0242-26-1881
伸和住宅㈱	福島県会津若松市	0242-29-7745

《関東甲信越地区》

㈱ホーメックス	新潟県柏崎市	0257-24-0034
㈱ジャスファード	新潟県柏崎市	0257-35-6178
㈱山六木材	新潟県三島郡出雲崎町	0258-78-4413
㈱久比岐開発	新潟県上越市	025-543-0918
宮川建設㈱	新潟県上越市	025-536-2059
大長建築工業㈲	新潟県魚沼市	025-794-2327

FFC 免疫住宅〈イムウッド〉加盟店

ハーバーハウス㈱	新潟県新潟市	025-240-3838
アルルホームズ明るい㈱	茨城県つくば市	029-863-6188
㈱駿河屋	茨城県水戸市	029-241-2002
田村建設㈱	栃木県那須塩原市	0287-62-3574
㈲フリーウエイブ	栃木県宇都宮市	028-623-1591
㈱薄井工務店	栃木県宇都宮市	028-658-4413
阿部興業㈱	栃木県宇都宮市	028-655-1001
日昇ホーム㈱	群馬県前橋市	027-265-0236
寺嶋開発㈱	群馬県吾妻郡東吾妻町	0279-68-4757
㈱トミオ	千葉県花見川区	043-259-1301
㈱ナカイ	千葉県八千代市	047-488-7630
㈱ウエッジホーム	千葉県木更津市	043-853-7710
㈲ホンマ建設	千葉県富津市	043-987-5567
㈱明和地所	千葉県浦安市	047-380-8888
㈱小沢工務店	千葉県茂原市	047-526-6636
㈱がってんしょうち！	千葉県松戸市	047-374-6633
㈲渡辺忠雄工務店	千葉県市川市	047-372-7555
成田エコハウス㈱	千葉県成田市	0476-23-2220
三井温熱㈱	千葉県富里市	0476-37-8771
㈲国松工務店	千葉県夷隅郡大多喜町	0470-82-2709
㈱サクラ建設工業	千葉県成田市	0476-96-0718
㈲清水台工務店	千葉県野田市	047-122-0213
㈲白岩工務店	埼玉県八潮市	048-997-4447
㈲池田	埼玉県川口市	048-229-1025
㈱SH-Space	埼玉県狭山市	04-2902-6070
㈱武井工務店	埼玉県川口市	048-223-4774
㈱パートナー建築事務所	埼玉県川越市	049-241-8107
トヨダ建設㈱	埼玉県三郷市	048-957-4359
㈱ISOLA HOME	埼玉県三郷市	048-956-6804
㈱栗原工務店	埼玉県八潮市	048-999-7100
善光建設㈱	東京都目黒区	03-3793-0851
㈱コトブキホームビルダー	東京都目黒区	03-3760-2017
㈱カツマタ	東京都武蔵野市	0422-22-8033

FFC免疫住宅〈イムウッド〉加盟店

㈱セイズホーム	東京都葛飾区	03-5670-6161
桃山建設㈱	東京都世田谷区	03-3703-1421
㈱スリーエフ	東京都豊島区	03-3916-0176
㈱マルジェ	東京都練馬区	03-3559-1511
㈱調布銘木	東京都調布市	0424-85-1687
㈱アイケーホーム	東京都世田谷区	042-470-1230
明友建設㈱	東京都練馬区	03-5936-7888
㈱司建築計画	東京都三鷹市	042-242-0271
㈱源工務店	東京都豊島区	03-3950-1611
絆家㈱	東京都中野区	03-3381-2761
㈱八幡	東京都青梅市	0428-32-8577
保坂建設㈱	東京都青梅市	0428-31-3001
大成鋼業㈱	東京都荒川区	03-3806-7513
㈱コグマホーム	東京都調布市	042-426-7889
大創建設㈱	東京都三鷹市	0422-41-5991
㈱沼尾建設	東京都世田谷区	03-5317-3701
かね長 桜建設㈱	東京都中野区	03-3369-8019
工藤建設㈱	神奈川県横浜市	045-911-5300
民家工房常栄㈲	神奈川県愛甲郡愛川町	046-241-6959
古矢工務所	神奈川県足柄上郡大井町	0465-83-1761
㈲トータルハウジング久野	神奈川県相模原市	042-762-0096
矢島建設工業㈱	神奈川県横浜市	045-323-3854
三光ホーム㈱	神奈川県相模原市	042-766-3535
㈲小沢工務店	神奈川県平塚市	0463-55-0305
㈱スマイルハウス	長野県松本市	0263-27-9901
㈱ウッドハウス	長野県松本市	0263-27-9920
㈱ピースステージ	長野県北佐久郡立科町	0267-56-3231
《東海・北陸地区》		
ららラホーム川井建設㈱	静岡県浜松市	053-468-1231
㈱隆星建設	静岡県磐田市	0539-62-2477
㈱アクティー	静岡県静岡市	054-348-7298
㈱SAWADA	静岡県富士市	0545-31-0214
朝日住宅㈱	静岡県磐田市	0538-35-3500

FFC 免疫住宅〈イムウッド〉加盟店

不二軽窓販売㈱	静岡県富士市	0545-35-1470
㈱ホームアシスト	静岡県富士市	0545-53-1468
㈱鳳工務店	静岡県静岡市	054-366-2863
㈲寺田建築	静岡県袋井市	0538-43-0002
榑林建設㈱	静岡県牧之原市	0548-87-2854
㈱アトラス建設	静岡県島田市	0547-45-3614
赤池鉄工建設㈱	静岡県富士宮市	0544-27-0033
渡辺建築	静岡県富士市	0545-62-2555
㈲石野建築設計事務所	静岡県浜松市	053-428-2522
㈱大川工務店	静岡県三島市	055-972-7730
㈲とやまチューリップホーム	富山県富山市	076-420-7594
新協建設工業㈱ 石川支店	石川県金沢市	076-257-2535
㈱荒木工務店	愛知県豊橋市	0532-61-6157
エムハウジング㈱	愛知県知多市	0569-44-0892
コスモ建設㈱	愛知県安城市	0566-98-7209
冨士木工㈱	愛知県豊橋市	0532-25-3158
フジイ住宅㈱	愛知県岡崎市	0564-26-1177
愛三建設㈱	愛知県名古屋市	052-382-9551
㈱タチ基ホーム	愛知県尾張旭市	0561-54-1221
㈱イトコー	愛知県豊川市	0533-86-8887
㈱しらかばハウジング	愛知県刈谷市	0566-21-8171
㈲トップパートナー	愛知県名古屋市	052-918-8663
ユートピア建設㈱	愛知県岡崎市	0564-26-3890
パパママハウス㈱	愛知県名古屋市	052-310-8800
グリンホーム㈱	愛知県春日井市	0568-82-1741
タカヤマ産業㈱	愛知県海部郡蟹江町	0567-95-7588
フィアスホーム名古屋南店	愛知県名古屋市	052-889-6200
《近畿地区》		
㈱河村工務店	滋賀県守山市	077-583-0033
㈱高栄ホーム	滋賀県大津市	077-534-1755
西和不動産販売㈱	滋賀県栗東市	077-554-0880
三澤建築工匠・三澤建築設計事務所	滋賀県長浜市	0749-64-0373

FFC 免疫住宅〈イムウッド〉加盟店

凰建設㈱	岐阜県岐阜市	058-243-2173
堀伊木材㈱	岐阜県本巣郡北方町	058-324-2837
㈱フォレスト・オオモリ	三重県四日市市	059-337-0780
㈱やまぜんホームズ	三重県桑名市	0594-48-5224
㈱山田製材	三重県鈴鹿市	059-371-0101
㈲タイセイ	三重県志摩市	0599-44-2587
森下住建	三重県四日市市	059-321-4363
たなか建築	三重県多気郡明和町	0596-52-5312
建築工彩房 大工家 片浦建設	三重県津市	059-229-5118
㈲アイティオー建築	三重県津市	059-293-2750
大洋開発㈱三重支店	三重県津市	059-224-8188
木村建築	三重県鈴鹿市	059-387-9022
㈱高屋組	京都府南丹市	0771-62-0097
村上建設㈲	京都府綾部市	0773-42-3267
三和工務店	京都府与謝郡与謝野町	0772-42-6709
㈱荻建設	大阪府吹田市	06-6319-1019
まごころホーム岡本建設㈱	大阪府枚方市	072-851-0102
㈱リアルテ	大阪市東成区	06-6975-0988
大洋開発㈱	大阪府柏原市	072-971-3711
新協建設工業㈱ 大阪支店	大阪府堺市	072-229-2873
㈱リノハウス	大阪府吹田市	067-894-3457
㈱大庭工務店	大阪府大阪市	06-6472-0628
㈲正田工建	大阪府堺市北区	072-240-3667
㈱ミズノライフクリエイト	大阪府大阪市	06-6791-1037
インテリア津田	和歌山県和歌山市	073-474-8804
㈱上八	兵庫県西宮市	0798-47-1265
㈱クレストホーム	兵庫県神戸市	078-976-6296
グレード・ハウス㈱	兵庫県伊丹市	072-777-8588
㈱三建	兵庫県加古川市	079-423-0032
ヤマト住建㈱	兵庫県神戸市	078-230-0600
《中国地区》		
㈱ヘルシーホーム	岡山県岡山市	086-262-7560
㈱実重建設	広島県広島市	082-281-2804

FFC免疫住宅〈イムウッド〉加盟店

堀田建設㈱	広島県広島市	082-254-7255
㈱家達	広島県広島市	082-233-1122
㈱西本ハウス	広島県広島市	082-229-4561
㈲未来空間	広島県福山市	084-963-3803
㈱ライフステージ	広島県福山市	084-946-6525
新協建設工業㈱ 広島支店	広島県広島市	082-872-1727
㈱やまもと住研	広島県呉市	0823-24-5727
㈲MasMas	広島県広島市	082-506-0707
㈱陶山建設	島根県雲南市	0854-42-0207
㈲協友建設	島根県出雲市	0853-72-8050
福間商事㈱	島根県出雲市	0853-28-8508
オーユー・プロジェクト㈲	鳥取県倉吉市	0858-26-8285
㈱ヒラオ	鳥取県鳥取市	0857-38-3250
㈱小田原工務店	鳥取県米子市	0859-33-1036
三栄建設㈲	山口県防府市	0835-23-8580
井上建設㈱ 山口支店	山口県山口市	0839-27-8616
《四国地区》		
日本住宅㈱	愛媛県今治市	0898-43-6666
㈱菅工務店	愛媛県新居浜市	0897-41-6803
ワタルハウス㈱	愛媛県松山市	089-923-2275
興陽商事㈲	愛媛県四国中央市	0896-58-5298
㈲ストウ住建	徳島県徳島市	088-654-0848
《九州・沖縄地区》		
久留米建設㈱	福岡県久留米市	0942-27-0352
㈱コスモス	福岡県福岡市	092-891-5500
㈱セイコー・トータル・ホーム	福岡県鞍手郡鞍手町	0949-42-4445
㈱馬渡ホーム	福岡県福岡市	092-892-2025
悠悠ホーム㈱	福岡県大野城市	092-592-6995
松木工務店	福岡県北九州市	093-612-0648
内村工務店	福岡県北九州市	092-617-5854
ジェイホーム㈱	福岡県久留米市	0942-21-3120
㈲ジャッド	福岡県福岡市	092-557-2664
オフィスアイ	福岡県福岡市	092-804-8157

FFC 免疫住宅〈イムウッド〉加盟店

㈲坂根建設	福岡県北九州市	093-661-6125
㈱サン・プラザホーム	福岡県福岡市	092-404-3331
㈲建築工房やました屋	福岡県飯塚市	0948-25-7833
上村建設㈱	福岡県福岡市	092-574-9849
ダコタ・マアク㈲	福岡県大川市	0944-87-8863
㈱OZ工務店	福岡県福岡市	092-833-6780
㈲福井商事 ビルド事業部 空感考房CO・CO	長崎県長崎市	095-846-0688
㈲中尾地建	長崎県佐世保市	0956-33-7748
㈱西部住宅	長崎県長崎市	095-849-1366
㈲四季工房	長崎県西彼杵郡長与町	095-887-5855
㈱クロダ	長崎県諫早市	0957-26-5114
㈱玉木建設	長崎県長崎市	095-821-0309
㈱エグチ・ビルド	佐賀県小城市	0952-72-5161
㈱前田建設	佐賀県佐賀市	0952-31-9293
㈱ 響きの森建設	佐賀県佐賀市	0952-23-6223
㈱樋渡建設	佐賀県伊万里市	0955-23-1717
㈱井本ホーム	佐賀県唐津市	0955-73-9666
アップルホーム㈲	佐賀県佐賀市	0952-26-4586
㈱シーエス	佐賀県佐賀市	0952-37-8181
㈱エースホーム	佐賀県神崎市	0952-52-4145
㈱孝和建設	佐賀県唐津市	0955-77-2335
㈲AtoZプランニング	大分県中津市	0979-26-2030
豊南不動産㈲	大分県佐伯市	0972-22-4163
㈱大建設	大分県豊後大野市	097-578-0292
㈱ステージメイク・システム	大分県大分市	097-592-6812
㈱カリキタ	大分県中津市	0979-23-5577
㈱平成建設	大分県日田市	097-322-4137
西日本ホーム㈱	大分県豊後高田市	0978-23-1414
新生住宅	熊本県荒尾市	096-862-2988
㈱コスモホーム	熊本県熊本市	096-344-0099
㈱立山建設	熊本県山鹿市	0968-44-1818
㈱巧建住拓	熊本県下益城郡城南町	0964-28-2679

FFC免疫住宅〈イムウッド〉加盟店

TAKASUGI㈱	熊本県熊本市	096-214-3771
㈲稲葉製材住宅	熊本県玉名郡南関町	0968-53-8232
㈱髙妻組	宮崎県宮崎市	0985-51-3776
アキ・ハウジング㈱	宮崎県宮崎市	0985-65-3177
㈱ノーブル	鹿児島県鹿児島市	099-263-1101
深田建設㈱	鹿児島県奄美市	0997-69-3178
㈲丸親建設	沖縄県那覇市	098-858-4848
㈱ホカマ	沖縄県国頭郡金武町	098-968-4392

※注：平成24年6月20日現在、過去1年FFC免疫加工実績がある社名を掲載。
詳しくは、当社HPをご覧ください。
http://www.immwood.jp/

著者略歴

江頭修作（えがしら・しゅうさく）

昭和24年、福岡県大川市生まれ。昭和47年、福岡大学経済学部卒。木材商社勤務を経て、㈱九州大川木材市場入社。平成10年、㈱ウッドサークル設立、大学等の研究機関とFFCテクノロジーの共同研究に専念する。現在、同社社長を務めるほか、福岡大学商学部非常勤講師として後輩の指導にあたる（ベンチャービジネス論）。平成15年には、NPO法人21世紀の森づくりを設立、国内外で植林を行うなど森林再生に情熱を傾けている。

連絡先　株式会社ウッドサークル

本社　〒831-0041　福岡県大川市大字小保356-2

TEL. 0944-88-1557　FAX. 0944-88-1702

関東工場　〒264-0021　千葉市若葉区若松531-55

TEL. 043-420-0239　FAX. 043-420-0240

ホームページ　http://www.immwood.jp/

NPO法人21世紀の森づくり

TEL. 0944-88-1557　E-mail herbjam@dream.com

生命《いのち》を守りたい！――FFCテクノロジーがつくる免疫住宅の蘇生力と癒し効果

2012年7月20日　初　版　第1刷発行

著　者　江頭 修作

発行者　安田 喜根

発行所　株式会社 評言社

東京都千代田区神田小川町2-3-13（〒101-0052）

電　話　03-5280-2550

http://www.hyogensha.co.jp

印　刷　モリモト印刷㈱

ISBN 978-4-8282-0561-8　C2052